काजर की कोठरी

देवकीनंदन खत्री

जन्म : 18 जून, 18[illegible]1। **निधन** : 1 अगस्त, 1931। **जन्मस्थान** : मुज़फ्फरपुर (बिहार) ननिहाल में। हिंदी और संस्कृत की प्रारंभिक शिक्षा ननिहाल में ही हुई। फारसी से स्वाभाविक लगाव था, पर पिता की अनिच्छावश शुरू में उसे नहीं पढ़ सके। इसके बाद 18 वर्ष की अवस्था में, जब गया स्थित टिकारी राज्य से संबद्ध अपने पिता के व्यवसाय में स्वतंत्र रूप से हाथ बँटाने लगे तो फारसी और अंग्रेजी का भी अध्ययन किया। 24 वर्ष की आयु में व्यवसाय संबंधी उलट-फेर के कारण वापस काशी आए और राजा साहब की बदौलत चकिया और नौगढ़ के जंगलों का ठेका पा गए। इससे उन्हें आर्थिक लाभ भी हुआ और वे अनुभव भी मिले जो उनके लेखकीय जीवन में काम आए। वस्तुतः इसी काम ने उनके जीवन की दिशा बदली।

सितंबर 1898 में लहरी प्रेस की स्थापना की। 'सुदर्शन' नामक मासिक पत्र भी निकाला। चंद्रकांता और चंद्रकांता संतति (छः भाग) के अतिरिक्त अन्य रचानएँ हैं : नरेंद्र-मोहिनी, कुसुमकुमारी, वीरेंद्र वीर या कटोरा-भर खून, काजर की कोठरी, गुप्त गोदना तभा भूतनाथ (प्रथम छः भाग)।

देवकीनंदन खत्री

काजर की कोठरी

राजकमल पेपरबैक्स

राजकमल पेपरबैक्स में
पहला संस्करण : 1998
सातवाँ संस्करण : 2024

राजकमल पेपरबैक्स : उत्कृष्ट साहित्य के जनसुलभ संस्करण

राजकमल प्रकाशन प्रा.लि.
1-बी, नेताजी सुभाष मार्ग, दरियागंज
नई दिल्ली-110 002
द्वारा प्रकाशित

शाखाएँ : अशोक राजपथ, साइंस कॉलेज के सामने, पटना-800 006
पहली मंजिल, दरबारी बिल्डिंग, महात्मा गांधी मार्ग, प्रयागराज-211 001
1, अनमोल सोराबजी संतुक लेन, धोबी तलाव, मरीन लाइंस, मुम्बई-400 002
वेबसाइट : www.rajkamalprakashan.com
ई-मेल : info@rajkamalprakashan.com

बी.के. ऑफसेट
नवीन शाहदरा, दिल्ली-110 032
द्वारा मुद्रित

मूल्य : ₹199

KAJAR KI KOTHARI
Novel by Devaki Nandan Khatri

ISBN : 978-81-7178-244-4

संध्या होने में अभी दो घंटे की देर है मगर सूर्य भगवान के दर्शन नहीं हो रहे, क्योंकि काली-काली घटाओं ने आसमान को चारों तरफ से घेर लिया है। जिधर निगाह दौड़ाइए मजेदार समा नजर आता है और इसका तो विश्वास भी नहीं होता कि संध्या होने में अभी कुछ कसर है।

ऐसे समय में हम अपने पाठकों को उस सड़क पर ले चलते हैं जो दरभंगे से सीधी बाजितपुर की तरफ गई है।

दरभंगे से लगभग दो कोस के आगे बढ़कर एक बैलगाड़ी पर चार नौजवान और हसीन तथा कमसिन रंडियाँ धानी, काफूर, पेयाजी और फालसई साड़ियाँ पहिरे मुख्तसर गहनों से अपने को सजाए आपुस में ठठोलपन करती बाजितपुर की तरफ जा रही हैं। इस गाड़ी के साथ-ही-साथ पीछे-पीछे एक दूसरी गाड़ी भी जा रही है जो उन रंडियों के सफरदाओं के लिए थी। सफरदा गिनती में दस थे मगर गाड़ी में पाँच से ज्यादे के बैठने की जगह न थी इसलिए पाँच सफरदा गाड़ी के साथ-ही-साथ पैदल जा रहे थे। कोई तंबाकू पी रहा था, कोई गाँजा मल रहा था, कोई इस बात की शेखी बघार रहा था, कि 'फलाने मुजरे में हमने वह बजाया कि बड़े-बड़े सफरदाओं को मिर्गी आ गई!' इत्यादि। कभी-कभी पैदल चलनेवाले सफरदा गाड़ी पर चढ़ जाते और गाड़ीवाले नीचे उतर आते, इसी तरह अदल-बदल के साथ सफर तै कर रहे थे। मालूम होता है कि थोड़ी ही दूर पर किसी जिमींदार के यहाँ महफिल में इन लोगों को जाना है, क्योंकि सन्नाटे मैदान में सफर करते समय संध्या हो जाने से इन्हें कुछ भी भय नहीं है और न इस बात का डर है कि रात हो जाने से चोर-चुहाड़ अथवा डाकुओं से कहीं मुठभेड़ न हो जाए।

बैल की किराची गाड़ी चर्खा तो होती ही है, जब तक पैदल चलनेवाला

सौ कदम जाए तब तक वह बत्तीस कदम से ज्यादे न जाएगी। बर्सात का मौसिम, मजेदार बदली छाई हुई, सड़क के दोनों तरफ दूर-दूर तक हरे-हरे धान के खेत दिखाई दे रहे हैं, पेड़ों पर से पपीहे की आवाज आ रही है, ऐसे समय में एक नहीं बल्कि चार-चार नौजवान, हसीन और मदमाती रंडियों का शांत रहना असंभव है, इसी से इस समय इन सभों को चीं-पों करती हुई जानेवाली गाड़ी पर बैठे रहना बुरा मालूम हुआ और वे सब उतरकर पैदल चलने लगीं और बात-की-बात में गाड़ी से कुछ दूर आगे बढ़ गईं। गाड़ी चाहे छूट जाए मगर सफरदा कब उनका पीछा छोड़ने लगे थे? पैदलवाले सफरदा उनके साथ हुए और हँसते-बोलते जाने लगे।

थोड़ी ही दूर जाने के बाद इन्होंने देखा कि सामने एक सवार सरपट घोड़ा फेंके इसी तरफ आ रहा है। जब वह थोड़ी दूर रह गया तो इन रंडियों को देखकर उसने अपने घोड़े की चाल कम कर दी और जब उन चारों छबीलियों के पास पहुँचा तो घोड़ा रोककर खड़ा हो गया। मालूम होता है कि ये चारों रंडियाँ उस आदमी को बखूबी जानती और पहिचानती थीं, क्योंकि उसे देखते ही वे चारों हँस पड़ीं और छबीली जो सबसे कमसिन और हसीन थी, ढिठाई के साथ उसके घोड़े की बाग पकड़कर खड़ी हो गई और बोली, "वाह वाह! तुम भागे कहाँ जा रहे हो? बिना तुम्हारे मोती···!"

'मोती' का नाम लिया ही था कि सवार ने हाथ के इशारे से उसे रोका और कहा, "बाँदी! तुम्हें हम बेवकूफ कहें या भोली?" इसके बाद उस सवार ने सफरदाओं पर निगाह डाली और हुकूमत के तौर पर कहा, "तुम लोग आगे बढ़ो।"

अब तो पाठक लोग समझ ही गए होंगे कि उस छबीली रंडी का नाम बाँदी था जिसने ढिठाई के साथ सवार के घोड़े की लगाम थाम ली थी और चारों रंडियों में हसीन और खूबसूरत थी। इसकी कोई आवश्यकता नहीं कि बाकी तीन रंडियों का नाम भी इसी समय बता दिया जाए, हाँ उस सवार की सूरत-शक्ल का हाल लिख देना बहुत जरूरी है।

सवार की अवस्था लगभग चालीस वर्ष की होगी। रंग काला, हाथ-पैर मजबूत और कसरती जान पड़ते थे। बाल स्याह छोटे-छोटे मगर घूँघरवाले

थे, सर बहुत बड़ा और बनिस्बत आगे के पीछे की तरफ से बहुत चौड़ा था। भौवें घनी और दोनों मिली हुईं, आँखें छोटी-छोटी और भीतर की तरफ कुछ घुसी हुई थीं। होंठ मोटे और दाँतों की पंक्ति बराबर न थी, मूँछ के बाल घने और ऊपर की तरफ चढ़े हुए थे। आँखों में ऐसी बुरी चमक थी जिसे देखने से डर मालूम होता था और बुद्धिमान देखनेवाला समझ सकता था कि यह आदमी बड़ा ही बदमाश और खोटा है, मगर साथ ही इसके दिलावर और खूँखार भी है।

जब सफरदा आगे की तरफ बढ़ गए तो सवार ने बाँदी से हँस के कहा, "तुम्हारी होशियारी जैसी इस समय देखी गई अगर ऐसी ही बनी रही तो सब काम चौपट करोगी!"

बाँदी : (शर्माकर) नहीं, नहीं, मैं कोई ऐसा शब्द मुँह से न निकालती जिससे सफरदा लोग कुछ समझ जाते।

सवार : वाह ! 'मोती' का शब्द मुँह से निकल ही चुका था!

बाँदी : ठीक है मगर...।

सवार : खैर जो हुआ सो हुआ, अब बहुत सम्हाल के काम करना। अब वह जगह बहुत दूर नहीं है जहाँ तुम्हें जाना है। (सड़क के बाईं तरफ उँगली का इशारा करके) देखो वह बड़ा मकान दिखाई दे रहा है।

बाँदी : ठीक है मगर यह कहो कि तुम भागे कहाँ जा रहे हो?

सवार : मुझे अभी बहुत काम करना है, मौके पर तुम्हारे पास पहुँच जाऊँगा, हाँ एक बात कान में सुन लो।

सवार ने झुककर बाँदी के कान में कुछ कहा, साथ ही इसके दिल खुश करनेवाली एक आवाज भी आई। बाँदी ने नर्म चपत सवार के गाल पर भाई, सवार ने फुर्ती से घोड़े को किनारे कर लिया तथा फिर दौड़ाता हुआ जिधर जा रहा था उधर ही को चला गया।

अब हम अपने पाठकों को एक गाँव में ले चलते हैं। यद्यपि यहाँ की आबादी बहुत घनी और लंबी-चौड़ी नहीं है तथापि जितने आदमी इस मौज़े में रहते हैं सब प्रसन्न हैं, विशेष करके आज तो सभी खुश मालूम पड़ते हैं क्योंकि

इस मौज़े के जिमींदार कल्याणसिंह के लड़के हरनंदनसिह की शादी होनेवाली है? जिमींदार के दरवाजे पर बाजे बज रहे हैं और महफिल का सामान हो रहा है। जिमींदार का मकान बहुत बड़ा और पक्का है, जनाना खंड अलग और मर्दाना मकान, जिसमें सुंदर-सुंदर कई कमरे और कोठड़ियाँ हैं, अलग है। मर्दाने मकान के आगे मैदान है जिसमें शामियाना खड़ा है और महफिल का सामान दुरुस्त हो रहा है। मकान के दाहिनी तरफ एक लंबी लाइन खपड़ैल की है, जिसमें कई दालान और कोठड़ियाँ हैं। एक दालान और तीन कोठड़ियों में भंडार (खाने की चीजों का सामान) है और एक दालान तथा तीन कोठड़ियों में इन रंडियों का डेरा पड़ा हुआ है जो इस महफिल में नाचने के लिए आई हैं और नाचने का समय निकट आ जाने के कारण अपने को हर तरह से सजधज के दुरुस्त कर रही हैं। इसमें कोई संदेह नहीं कि ये रंडियाँ बहुत ही हसीन और खूबसूरत हैं और जिस समय अपना श्रृंगार करके धीरे-धीरे चलकर महफिल में आ खड़ी होंगी, उस समय नखरे के साथ अधखुली आँखों से जिधर देखेंगी उधर ही चौपट करेंगी, पर फिर भी यह सबकुछ चाहे जो हो, मगर इनका जादू उन्हीं लोगों पर चलेगा जो दिल के कच्चे और भोले-भाले हैं। जो लोग दिल के मजबूत और इनकी करतूतों तथा नकली मुहब्बत को जाननेवाले और बनावटी नखरों का हाल हच्छी तरह जानते हैं, उन बुद्धिमानों के दिल पर इनका असर होनेवाला नहीं है क्योंकि ऐसे आदमी जितनी ज्यादे खूबसूरत रंडी को देखेंगे उसे उतनी ही बड़ी चुड़ैल समझ के हर तरह से बच रहने का भी उद्योग करेंगे।

रात लगभग पहर-भर के जा चकी है। महफिल बरातियों और तमाशबीनों से खचाखन्च भरी हुई है। जिमींदार का लड़का हरनंदनसिंह, जिसकी शादी होनेवाली है, कारचोबी काम की मखमली गद्दी के ऊपर गावतकिये के सहारे बैठा हुआ है। उसके दोनों बगल जिमींदार लोग जो न्योते में आए हैं, कत्तीदार पगड़ी जमाए बैठे उस रंडी से आँखें मिलाने का उद्योग कर रहे हैं जो महफिल में नाच रही है और जिसका ध्यान बनिस्बत गाने के भाव बताने पर ज्यादे है।

इस समय महफिल में यद्यपि भीड़-भाड़ बहुत है मगर जिमींदार साहब

का पता नहीं है जिनके लड़के की शादी होनेवाली है। दा घंटे तक तो लोग चुपचाप बैठे गाना सुनते रहे मगर इसके बाद जिमींदार कल्याणसिंह के उपस्थित न होने का कारण जानने के लिए लोगों में कानाफूसी होने लगी और लोग उन्हें बुलाने की नीयत से एकाएकी मकान की तरफ जाने लगे। आधी रात जाते-ज़ाते महफिल में खलबली पड़ गई। कल्याणसिंह के न आने का कारण जब लोगों को मालूम हुआ तो सभी घबड़ा गए और एकाएकी करके उस मकान की तरफ जाने लगे जिसमें कल्याणसिंह रहते थे।

अब हम कल्याणसिंह का हाल बयान करते हैं और यह भी लिखते हैं कि वह अपने मेहमानों से अलग रहने पर क्यों मजबूर हुए।

संध्या के समय जिमींदार कल्याणसिंह भंडार का इंतजाम देखते हुए उस दालान में पहुँचे जिसमें रंडियों का डेरा था। वे यद्यपि बिगड़ैल ऐयाश तो न थे मगर ज़रा मनचले और हँसमुख आदमी जरूर थे, इसलिए इन रंडियों से भी हँसी-दिल्लगी की दो बातें करने लगे। इसी बीच में नाजुक-अदा बाँदी ने उनके पास आकर अपने हाथ का लगाया हुआ दो बीड़ा पान का खाने के लिए दिया। यह वही बाँदी रंडी थी जिसका हाल हम पहिले लिख आए हैं। कल्याणसिंह पान का बीड़ा हाथ में लिए हुए लौटे तो उस जगह पहुँचे जहाँ महफिल का सामान हो रहा था और उनके नौकर-चाकर दिलोजान से मेहनत कर रहे थे। थोड़ी देर तक वहाँ भी खड़े रहे। यकायक उनके सिर में दर्द होने लगा। उन्होंने समझा कि मेहनत की हरारत से ऐसा हो रहा है और यह भी सोचा कि महफिल में रात-भर जागना पड़ेगा इसलिए यदि इसी समय दो घंटे सोकर हरारत मिटा लें तो अच्छा होगा। यह विचार करते ही कल्याणसिंह अपने कमरे में चले गए जो मर्दाने मकान में दुमंजले पर था। चिराग जल चुका था, कमरे के अंदर एक शमादान जल रहा था। कल्याणसिंह दर्वाजा बंद करके एक खिड़की के सामने चारपाई पर जा लेटे जिसमें से ठंडी-ठंडी बरसाती हवा आ रहीं थी और महफिल का शामियाना तथा उसमें काम-काज करते हुए आदमी दिखाई दे रहे थे।

यह कमरा बहुत बड़ा न था तो भी तीस-चालीस आदमियों के बैठने

लायक था। दीवारें रंगीन और उन पर फूल-बूटे का काम होशियार मुसोवर के हाथ का किया हुआ था। कई दीवारगीरें भी लगी हुई थीं। छत में एक झाड़ के चारों तरफ कई कंदीलें लटक रही थीं, जमीन पर साफ सुफेद फर्श बिछा हुआ था, एक तरफ संगमरमर की चौकी पर लिखने-पढ़ने का सामान भी मौजूद था। बाहरवाली तरफ छोटी-छोटी तीन खिड़कियाँ थीं जिनमें से मकान के सामनेवाला रमना अच्छी तरह दिखाई देता था। उन्हीं खिड़कियों में से एक खिड़की के आगे चारपाई बिछी हुई थी जिस पर कल्याणसिंह सो रहे और थोड़ी ही देर में उन्हें नींद आ गई।

कल्याणसिंह तीन घंटे तक बराबर सोते रहे, इसके बाद खड़खड़ाहट की आवाज आने के कारण उनकी नींद खुल गई। देखा कि कमरे के एक कोने में छत से कुछ कंकड़ियाँ गिर रही हैं। कल्याणसिंह ने सोचा कि शायद चूहों ने छत में बिल किया होगा और इसी सबब से कंकड़ियाँ गिर रही हैं, परंतु कोई चिंता नहीं, कल-परसों में इसकी मरम्मत करा दी जावेगी, इस समय घंटे-भर और आराम कर लेना चाहिए, यह सोच मुँह पर चादर का पल्ला रख सो रहे और उन्हें नींद फिर आ गई।

दो घंटे बाद कमरे के उसी कोने में से जहाँ से कंकड़ियाँ गिर रही थीं धमाके की आवाज आई जिससे कल्याणसिंह की आँख खुल गई। वह घबड़ाकर उठ बैठे और चारों तरफ देखने लगे परंतु रोशनी गुल हो जाने के सबब इस समय कमरे में अंधेरा हो रहा था। उन्हें इस बात का ताज्जुब हुआ कि शमादान किसने गुल कर दिया! वह घबड़ाकर उठ खड़े हुए और किसी तरह दरवाजे तक पहुँचे और दरवाजा खोल कमरे के बाहर आए। उस समय एक पहरेदार सिपाही के सिवाय वहाँ और कोई भी न था, सब महफिल में चले गए थे और नौकर-चाकर भी काम-काज में लगे हुए थे। कल्याणसिंह ने सिपाही से लालटेन लाने के लिए कहा। सिपाही तुरंत लालटेन बालकर ले आया और कल्याणसिंह के साथ कमरे के अंदर गया। कल्याणसिंह ने अबकी दफे उस कोने में बेंत का पिटारा पड़ा हुआ देखा जहाँ से पहिली दफे नींद खुलने की अवस्था में कंकड़ियाँ गिरने की आवाज आई थी। कल्याणसिंह को बड़ा ही ताज्जुब हुआ और वह डरते-डरते उस पिटारे

के पास गए। पिटारे के चारों तरफ रस्सी लपेटी हुई थी और एक बहुत बड़ा रस्सा भी उसी जगह पड़ा हुआ था जिसका एक सिरा पिटारे के साथ बँधा हुआ था। जिमींदार ने छत की तरफ देखा तो टूटी हुई दिखाई दी जिससे यह विश्वास हो गया कि यह पिटारा रस्सी के सहारे इसी राह से लटकाया गया है और ताज्जुब नहीं कि कोई आदमी भी इसी राह से कमरे में आया हो क्योंकि शमादान का बुझना बेसबब न था। कल्याणसिंह ताज्जुब भरी निगाहों से उस पिटारे को देर तक देखते रहे, इसके बाद सिपाही के हाथ से लालटैन ले ली और उससे पिटारा खोलने के लिए कहा। सिपाही ने जो ताकतवर होने के साथ-ही-साथ दिलेर भी था झटपट पिटारा खोला और ढकना अलग करके देखा तो उसमें बहुत-से कपड़े भरे हुए दिखाई पड़े। मगर उन कपड़ों पर हाथ रखने के साथ ही वह चौंक पड़ा और हटकर अलग खड़ा हो गया। जब कल्याणसिंह ने पूछा कि 'क्यों क्या हुआ ?' तब उसने दोनों हाथ लालटैन के सामने किए और दिखाया कि उसके दोनों हाथ खून से तर हैं !

कल्याण. : हैं ! यह तो खून है !!

सिपाही : जी हाँ, उस पिटारे में जो कपड़े हैं वे खून से तर हैं और कोई काँटेदार चीज भी उसमें मालूम पड़ती है जो कि मेरे हाथ में सूई की तरह चुभी थी।

कल्याण. : ओफ, निःसंदेह कोई भयानक बात है ! अच्छा तुम पिटारे को खैंचकर बाहर ले चलो।

सिपाही : बहुत खूब।

सिपाही ने जब उस पिटारे को उठाना चाहा तो बहुत हलका पाया और सहज ही में वह उस पिटारे को कमरे के बाहर ले आया। उस समय तक और भी एक सिपाही तथा दो-तीन नौकर वहाँ आ पहुँचे थे।

कल्याणसिंह की आज्ञानुसार रोशनी ज्यादा की गई और तब उस पिटारे की जाँच होने लगी। निःसंदेह उस पिटारे के अंदर कपड़े थे और उन पर सलमे-सितारे का काम किया हुआ था।

सिपाही : (सलमे-सितारे के काम की तरफ इशारा करके) यही मेरे हाथ में गड़ा था और काँटे की तरह मालूम हुआ था ! (एक कपड़ा उठाकर) ओफ !

यह तो ओढ़नी है !!

दूसरा : और बिलकुल नई !

तीसरा : ब्याह की ओढ़नी है !

सिपाही : मगर सरकार, इसे मैं पहिचानता हूँ और जरूर पहिचानता हूँ !

कल्याण. : (लंबी साँस लेकर) ठीक है, मैं भी इसे पहिचानता हूँ, अच्छा और निकालो ।

सिपाही : (और एक कपड़ा निकाल के) लीजिए यह लहँगा भी है ! बेशक वही है !!

कल्याण. : ओफ, यह क्या गजब है ! यह कपड़े मेरे घर क्यों आ गए और ये खून से तर क्यों हैं ? निःसंदेह ये वही कपड़े हैं जो मैंने अपनी पतोहू के वास्ते बनवाए थे और समधियाने भेजे थे । तो क्या खून हुआ ? क्या लड़की मारी गई ? क्या यह मंगल का दिन अमंगल के साथ बदल गया ?

इतना कहकर कल्याणसिंह जमीन पर बैठ गया । नौकरों ने जल्दी से कुर्सी लाकर रख दी और कल्याणसिंह को उस पर बैठाया । धीरे-धीरे बहुत-से आदमी वहाँ आ जुटे और बात-की-बात में यह खबर अंदर-बाहर सब तरफ अच्छी तरह फैल गई । इस खबर ने महफिल में भी हलचल फैला दी और महफिल में बैठे हुए मेहमानों को कल्याणसिंह को देखने की उत्कंठा पैदा हुई । आखिर धीरे-धीरे बहुत-से नौकर-सिपाही और मेहमान वहाँ जुट गए और उस भयानक दृश्य को आश्चर्य के साथ देखने लगे ।

यों तो कल्याणसिंह के बहुत-से मेली-मुलाकाती थे मगर सूरजसिंह नामी एक जिमींदार उनका सच्चा और दिली दोस्त था जिसकी यहाँ के राजा धर्मसिंह के वहाँ भी बड़ी इज्जत और कदर थी । सूरजसिंह का एक नौजवान लड़का भी था जिसका नाम रामसिंह था और जिसे राजा धर्मसिंह ने बारह मौजों का तहसीलदार बना दिया था । उन दिनों तहसीलदारों को बहुत बड़ा अख्तियार रहता था, यहाँ तक सैकड़ों मुकदमे दीवानी और फौजदारी के खुद तहसीलदार ही फैसला करके उसकी रिपोर्ट राजा के पास भेज दिया करते थे । रामसिंह को राजा धर्मसिंह बहुत मानते थे, अस्तु, कुछ तो इस सबब से मगर ज्यादे अपनी बुद्धिमानी के सबब उसने अपनी इज्जत और धाक बहुत

बढ़ा रक्खी थी। जिस तरह कल्याणसिंह और सूरजसिंह में दोस्ती थी उसी तरह रामसिंह और हरनंदन में (जिसकी शादी होनेवाली थी) सच्ची मित्रता थी और आज की महफिल में वे दोनों ही बाप-बेटा मौजूद भी थे।

रामसिंह और हरनंदनसिंह दोनों मित्र बड़े ही होशियार, बुद्धिमान, पंडित और वीर पुरुष थे और उन दोनों का स्वभाव भी ऐसा अच्छा था कि जो कोई एक दफे उनसे मिलता और बातें करता वही उनका प्रेमी हो जाता। इसके अतिरिक्त वे दोनों मित्र खूबसूरत भी थे और उनका सुडौल तथा कसरती बदन देखने ही योग्य था।

जब कल्याणसिंह की घबराहट का हाल लोगों को मालूम हुआ और महफिल में खलबली पड़ गई तो सूरजसिंह और हरनंदन भी कल्याणसिंह के पास जा पहुँचे जो दुखित हृदय से उस पिटारे के पास बैठे हुए थे जिसमें खून से भरे हुए शादीवाले जनाना कपड़े निकले थे। थोड़ी ही देर में वहाँ बहुत-से आदमियों की भीड़ हो गई जिन्हें सूरजसिंह ने बड़ी बुद्धिमानी से हटा दिया और एकांत हो जाने पर कल्याणसिंह से सब हाल पूछा। कल्याणसिंह ने जो देखा था या जो कुछ हो चुका था बयान किया और इसके बाद अपने कमरे में ले जाकर वह स्थान भी दिखाया जहाँ पिटारा पाया गया था और साथ ही इसके अपने दिल का शक भी बयान किया।

हरनंदन को जब हाल मालूम हो गया तो वह चुपचाप अपने कमरे में चला गया और आरामकुर्सी पर बैठ कुछ सोचने लगा। उसी समय कल्याणसिंह के समधियाने से अर्थात लालसिंह के यहाँ से यह खबर आ पहुँची कि 'सरला' (जिसकी हरनंदन से शादी होनेवाली थी) घर में से यकायक गायब हो गई और उस कोठरी में जिसमें वह थी सिवाय खून के छींटे और निशानों के और कुछ भी देखने में नहीं आता।

यह मामला निःसंदेह बड़ा भयानक और दुखदाई था। बात-की-बात में यह खबर भी बिजली की तरह चारों तरफ फैल गई। जनानों में रोना-पीटना पड़ गया। घंटे ही भर पहिले जहाँ लोग हँसते-खेलते घूम रहे थे अब उदास और दुखी दिखाई देने लगे। महफिल का शामियाना उतार लेने बाद गिरा दिया गया। रंडियों को कुछ दे-दिलाकर सवेरा होने के

पहिले ही विदा हो जाने का हुक्म मिला। इसके बाद जब सूरजसिंह और रामसिंह सलाह-विचार करके कल्याणसिंह से विदा हुए और मिलने के लिए हरनंदन के कमरे में आए तो हरनंदन को वहाँ न पाया, हाँ खोज-खबर करने पर मालूम हुआ कि बाँदी रंडी के पास बैठा हुआ दिल बहला रहा है, वही बाँदी रंडी जिसका जिक्र इस किस्से के पहिले ब्यान में आ चुका है और जो आज की महफिल में नाचने के लिए आई थी।

सूरजसिंह और रामसिंह को यह सुनकर बड़ा ताज्जुब हुआ कि हरनंदन बाँदी रंडी के पास बैठा दिल बहला रहा है! क्योंकि वे हरनंदन के स्वभाव से अनजान न थे और इस बात को भी खूब जानते थे कि वह रंडियों के फेर में पड़ने या उनकी सोहबत को पसंद करनेवाला लड़का नहीं है और फिर ऐसे समय में जबकि चारों तरफ उदासी फैली हुई हो उसका बाँदी के पास बैठकर गप्पें उड़ाना तो हद दर्ज़े का ताज्जुब पैदा करता था। आखिर सूरजसिंह ने अपने लड़के रामसिंह को निश्चय करने के लिए उस तरफ रवाना किया जिधर बाँदी रंडी का डेरा था और आप लौटकर पुनः अपने मित्र कल्याणसिंह के पास पहुँचे जो अपने कमरे में अकेले बैठे कुछ सोच रहे थे।

कल्याण. : (ताज्जुब से) आप लौटे क्यों? क्या कोई दूसरी बात पैदा हुई?

सूरज. : हम लोग हरनंदन से मिलने के लिए उसके कमरे में गए तो मालूम हुआ कि वह बाँदी रंडी के डेरे में बैठा हुआ दिल बहला रहा है।

कल्याण. : (चौंककर) बाँदी रंडी के यहाँ! नहीं, कभी नहीं, वह ऐसा लड़का नहीं है, और फिर ऐसे समय में जबकि चारों तरफ उदासी फैली हुई हो और हम लोग एक भयानक घटना के शिकार हो रहे हों! यह बात दिल में नहीं बैठती।

सूरज. : मेरा भी यही ख्याल है और इसी से निश्चय करने के लिए मैं रामसिंह को उस तरफ भेजकर आपके पास आया हूँ।

कल्याण. : अगर यह बात सच निकली तो बड़े ही शर्म की बात होगी। हँसी-खुशी के दिनों में ऐसी बातों पर लोगों का ध्यान विशेष नहीं जाता

और न लोग इस बात को इतना बुरा ही समझते हैं, मगर आज ऐसी आफत के समय में मेरे लड़के हरनंदन का ऐसा करना बड़े शर्म की बात होगी, हर एक छोटा-बड़ा बदनाम करेगा और समधियाने में तो यह बात न मालूम किस रूप से फैलकर कैसा रूपक खड़ा करेगी सो कह नहीं सकते।

सूरज. : बात तो ऐसी ही है मगर फिर भी मैं यही कहता हूँ कि हरनंदन ऐसा लड़का नहीं है। उसे अपनी बदनामी का ध्यान उतना ही रहता है जितना जुआरी को अपना दाँव पड़ने का उस समय जबकि कौड़ी किसी खिलाड़ी के हाथ से गिरा ही चाहती हो।

इतने ही में हरनंदन को साथ लिए हुए रामसिंह भी आ पहुँचा जिसे देखते ही कल्याणसिंह ने पूछा, "क्यों जी रामसिंह! हरनंदन से कहाँ मुलाकात हुई?"

रामसिंह : बाँदी रंडी के डेरे में।

कल्याण. : (चौंककर) हैं! (हरनंदन से) क्यों जी तुम कहाँ थे?

हरनंदन : बाँदी रंडी के डेरे में!

इतना सुनते ही कल्याणसिंह की आँखें मारे क्रोध से लाल हो गईं और मुँह से एक शब्द भी निकलना कठिन हो गया। उधर यही हाल सूरजसिंह का भी था। एक तो दुख और क्रोध ने उन्हें पहिले से ही दबा रखा था मगर इस समय हरनंदन की ढिठाई ने उन्हें आपे से बाहर कर दिया। वे कुछ कहना ही चाहते थे कि रामसिंह ने कहा–

रामसिंह : (कल्याणसिंह से) मगर हमारे मित्र इस योग्य नहीं हैं कि आपको कभी अपने ऊपर क्रोधित होने का समय दें। यद्यपि अभी तक मुझे कुछ मालूम नहीं हुआ है तथापि मैं इतना कह सकता हूँ कि इनके ऐसा करने का कोई-न-कोई भारी सबब जरूर होगा।

हरनंदन : बेशक ऐसा ही है।

कल्याण. : (आश्चर्य से) बेशक ऐसा ही है!

हरनंदन : जी हाँ!

इतना कह हरनंदन ने कागज का एक पुर्जा जो बहुत मुड़ा और बिगड़ा हुआ था उनके सामने रख दिया। कल्याणसिंह ने बड़ी बेचैनी से उसे

उठाकर पढ़ा और तब यह कहकर अपने मित्र सूरजसिंह के हाथ में दे दिया कि 'बेशक ऐसा ही है।' सूरजसिंह ने भी उसे बड़े गौर से पढ़ा और 'बेशक ऐसा ही है,' कहते हुए अपने लड़के रामसिंह के हाथ में दे दिया और उसे पढ़ने के साथ ही रामसिंह के मुँह से भी यही निकला कि 'बेशक ऐसा ही है !!'

जमींदार लालसिंह के घर में बड़ा ही कोहराम मचा हुआ था। उसकी प्यारी लड़की सरला घर में से यकायक गायब हो गई थी और वह भी इस ढंग से कि याद करके कलेजा फटता और विश्वास होता था कि उस बेचारी के खून से किसी निर्दयी ने अपना हाथ रँगा है। बाहर-भीतर हाहाकार मचा हुआ था था और इस खयाल से तो और भी ज्यादे रुलाई आती थी कि आज ही उसे ब्याहने के लिए बाजे-गाजे के साथ बरात आवेगी।

लालसिंह मिजाज का बड़ा ही कड़ुआ आदमी था। गुस्सा तो मानो ईश्वर के घर ही से उसके हिस्से में पड़ा था। रंज हो जाना उसके लिए कोई बड़ी बात न थी, ज़रा-ज़रा से कसूर पर बिगड़ जाता और बरसों की जान-पहिचान तथा मुरौअत का कुछ भी खयाल न करता। यदि विशेष प्राप्ति की आशा न होती तो उसके यहाँ नौकर, मजदूरनी या सिपाही एक भी दिखाई न देता। इसी से प्रगट है कि वह लोगों को देता भी था मगर उनका दान इज्जत के साथ न होता और लोगों की बेइज्जती का फजीहता करने में ही वह अपनी शान समझता था। यह सबकुछ था मगर रुपए ने उसके सब ऐबों पर जालीलेट का पर्दा डाल रखा था। उसके पास दौलत बेशुमार थी मगर लड़का कोई भी न था, सिर्फ एक लड़की वही सरला थी जिसके संबंध से आज दो घरों में रोना-पीटना मचा हुआ था। वह अपनी इस लड़की को प्यार भी बहुत करता था और भाई-भतीजे मौजूद रहने पर भी अपनी कुल जायदाद जिसे उसने अपने उद्योग से पैदा किया था इसी लड़की के नाम लिखकर तथा वह वसीयतनामा राजा के पास रखकर अपने भाई-भतीजों को जो रुपए-पैसे की तरफ से दुखी रहा करते थे सूखा ही

टरका दिया था, हाँ खाने-पीने की तकलीफ वह किसी को भी नहीं देता था। उसके चौके में चाहे कितने ही आदमी बैठकर खाते इसका वह कुछ खयाल न करता बल्कि खुशी से लोगों को अपने साथ खाने में शरीक करता था।

अपनी लड़की सरला के नाम जो वसीयतनामा उसने लिखा था वह भी कुछ अजब ढंग का था। उसके पढ़ने ही से उसके दिल का हाल जाना जाता था। पाठकों की जानकारी के लिए उस वसीयतनामे की नकल हम यहाँ पर देते हैं–

''मैं लालसिंह

''अपनी कुल जायदाद जिसे मैंने अपनी मेहनत से पैदा किया है और जो किसी तरह बीस लाख रुपै से कम नहीं है और जिसकी तकमील नीचे लिखी जाती है अपनी लड़की सरला के नाम से जिसकी उम्र इस वक्त चौदह (14) वर्ष की है वसीयत करता हूँ। इस जायदाद पर सिवाय सरला के और किसी का हक न होगा बशर्ते कि नीचे लिखी शर्तों का पूरा बर्ताव किया जाए–

(1) सरला को अपनी कुल जायदाद का मैनेजर अपने पति को बनाना होगा।

(2) सरला अपनी जायदाद (जो मैं उसे देता हूँ) या उसका कोई हिस्सा अपने पति की इच्छा के विरुद्ध खर्ज न कर सकगी और न किसी को दे सकेगी।

(3) सरला के पति को सरला की कुल जायदाद पर बतौर मैनेजरी के हक होगा, न कि बतौर मालिकाना।

(4) सरला का पति अपनी मैनेजरी की तनखाह (अगर चाहे तो) पाँच सौ रुपै महीने के हिसाब से इस जायदाद की आमदनी में से ले सकेगा।

(5) सरला की शादी का बंदोबस्त मैं कल्याणसिंह के लड़के हरनंदनसिंह के साथ कर चुका हूँ और जहाँ तक संभव है अपनी जिंदगी में उसी के साथ कर जाऊँगा। कदाचित इसके पहिले ही मेरा अंतकाल हो जाए तो सरला को लाजिम होगा कि उसी हरनंदनसिंह के साथ शादी करे। अगर इसके

विपरीत किसी दूसरे के साथ शादी करेगी तो मेरी कुल जायदाद के (जिसे मैं इस वसीयतनामे में दर्ज करता हूँ) आधे हिस्से पर हमारे चारों सगे भतीजों–राजाजी, पारसनाथ, धरनीधर और दौलतसिंह का या उनमें से उस वक्त जो हों, हक हो जाएगा और बाकी के आधे हिस्से पर सरला के उस पति का अधिकार होगा जिसके साथ कि वह मेरी इच्छा के विरुद्ध शादी करेगी। हाँ, अगर शादी होने के पहिले सरला को हरनंदन की बदचलनी का कोई सबूत मिल जाए तो उसे अख्तियार होगा कि जिसके साथ जी चाहे शादी करे। उस अवस्था में सरला को मेरी कुल जायदाद पर उसी तरह अधिकार होगा जैसा कि ऊपर लिखा जा चुका है। अगर शादी के बाद हरनंदनसिंह की बदचलनी का कोई सबूत पाया जाए तो सरला को आवश्यक होगा कि उसे अपनी मैनेजरी से खारिज कर दे और अपनी कुल जायदाद राजा के सपुर्द करके काशी चली जाए और वहाँ केवल एक हजार रुपै महीना राजा से लेकर तीर्थवास करे और यदि ऐसा न करे तो राजा को (जो उस वक्त में यहाँ का मालिक हो) जबरदस्ती ऐसा करने का अधिकार होगा।

(6) सरला के बाद सरला की संपत्ति का मालिक धर्म्मशास्त्रानुसार होगा।

जायदाद की फिहरिस्त और तारीख इत्यादि···

इस वसीयतनामे के पढ़ने ही से पाठक समझ गए होंगे कि लालसिंह कैसी तबीयत का आदमी और अपनी जिद्द का कैसा पूरा था। इस समय उसने जब यकायक सरला के गायब होने का हाल लौंडी की जुबानी सुना तो उसके कलेजे पर एक चोट-सी लगी और वह घबड़ाया हुआ मकान के अंदर चला गया जहाँ औरतों में विचित्र ढंग की घबड़ाहट फैली हुई थी। सरला

माँ उस कोठड़ी में बेहोश पड़ी हुई थी जिसमें से सरला यकायक गायब हो गई थी और जहाँ उसके बदले में चारों तरफ खून के छींटे और निशान दिखाई दे रहे थे। कई औरतें उस बेचारी के पास बैठी हुई रो रही थीं, कई उसे होश में लाने की फिक्र कर रही थीं, और कई इस आशा में कि कदाचित सरला कहीं मिल जाए, ऊपर-नीचे और मकान के कोनों में घूम-घूमकर देखभाल कर रही थीं।

जिस समय लालसिंह सरला की कोठड़ी में पहुँचा और उसने वहाँ की अवस्था देखी, घबड़ा गया और खून के छींटों पर निगाह पड़ते ही उसकी आँखों से आँसू की नदी बह चली। उसे थोड़ी देर तक तो तनोबदन की सुध न रही फिर बड़ी कोशिश से उसने अपने को सँभाला और तहकीकात करने लगा। कई औरतों और लौंडियों के उसने इजहार लिए मगर इससे ज्यादे पता कुछ भी न लगा कि सरला यकायक अपनी कोठड़ी में से ही कहीं गायब हो गई। उसे किसी ने भी कोठड़ी के बाहर पैर रखते या कहीं जाते नहीं देखा। जब लालसिंह ने खून के निशान और छींटों पर ध्यान दिया तो उसे बड़ा ही आश्चर्य हुआ क्योंकि खून के जो कुछ छींटे या निशान थे सब कोठड़ी के अंदर ही थे, चौकठ के बाहर इस किस्म की कोई बात न थी। वह अपनी स्त्री को होश में लाने और दिलासा देने का बंदोबस्त करके बाहर अपने कमरे में चला आया जहाँ से उसी समय अपने समधी कल्याणसिंह के पास एक आदमी रवाना करके उसकी जुबानी अपने यहाँ का सब हाल उसने कहला भेजा।

रात-भर रंज और गम में बीत गया। सरला को खोज निकालने के लिए किसी ने कोई बात उठा न रक्खी, नतीजा कुछ भी न निकला। दूसरे दिन दो पहर बीते वह आदमी भी लौट आया जो कल्याणसिंह के पास भेजा गया था और उसने वहाँ का सब हाल लालसिंह से कहा जिसे सुनते ही लालसिंह पागल की तरह हो गया और उसके दिल में कोई नई बात पैदा हो गई, मागर जिस समय उस आदमी ने यह कहा कि 'खून-खराबे का सब हाल मालूम हो जाने पर भी हरनंदनसिंह को किसी तरह का रंज न हुआ और वह एक रंडी के पास, जिसका नाम बाँदी है और जो नाचने के लिए उसके यहाँ गई हुई थी,

जा बैठा और हँसी-दिल्लगी में अपना समय बिताने लगा, यहाँ तक कि उसके बाप ने बुलाने के लिए कई आदमी भेजे मगर वह बाँदी के पास से न उठा, आखिर जब स्वयं रामसिंह गए तो उसे जबरदस्ती उठा लाए और लानत-मलामत करने लगे···' तो लालसिंह की हालत बदल गई। उसके लिए यह ख़बर बड़ी ही दुखदाई थी। यद्यपि वह सरला के गम में अधमूआ हो रहा था तथापि इस खबर ने उसके बदन में बिजली पैदा कर दी। कहाँ तो वह दीवार के सहारे सुस्त बैठा हुआ सब बातें सुन रहा और आँखों से आँसू की बूँदें गिरा रहा था, कहाँ यकायक सँभलकर बैठ गया, क्रोध से बदन काँपने लगा, आँसू की तरी एकदम गायब़ होकर आँखों ने अँगारों की सूरत पैदा की और साथ ही इसके वह लंबी-लंबी साँसें लेने लगा।

उस समय लालसिंह के पास उसके चारों भतीजे—राजाजी, पारसनाथ, धरनीधर और दौलतसिंह तथा और भी कई आदमी जिन्हें वह अपना हिती समझता था बैठे हुए थे और सभों की सूरत से उदासी और हमदर्दी झलक रही थी। हरनंदन और बाँदीवाली खबर सुनकर जिस समय लालसिंह क्रोध में आकर चुटीले साँप की तरह फुँकारने लगा उस समय उन लोगों ने भी नमक-मिर्च लगाना आरंभ कर दिया।

एक : देख़ने-सुनने और बातचीत से तो हरनंदन बड़ा नेक और बुद्धिमान मालूम पड़ता था।

दूसरा : मनुष्य का चित्त अंदर-बाहर से एक नहीं हो सकता।

तीसरा : मुझे तो पहिले ही से उसके चाल-चलन पर शक था मगर लोगों में उसकी तारीफ इतनी ज्यादे फैली हुई थी कि मैं अपने मुँह से उसके खिलाफ कुछ कहने का साहस नहीं कर सकता था।

चौथा : बुद्धिमान ऐयाशों का यही ढंग रहता है।

पाँचवाँ : असल तो यों है कि हरनंदन को अपनी बुद्धिमानी पर घमंड भी हद्द से ज्यादे है।

छठा : निःसंदेह ऐसा ही है। उसने तो केवल हमारे लालसिंह जी को धोखा देने के लिए यह रूपक बाँधा हुआ था नहीं तो वह पक्का बदमाश और···

पारस. : (लालसिंह का भतीजा) अजी मैं एक दफे (लालसिंह की तरफ इशारा करके) चाचा साहब से कह भी चुका था कि हरनंदन को जैसा आप समझे हुए हैं वैसा नहीं है मगर आपने मेरी बातों पर कुछ ध्यान ही नहीं दिया उल्टे मुझी को उल्लू बनाने लगे।

लाल. : वास्तव में मैं उसे बहुत नेक आदमी समझता था।

पारस. : मैं तो आज भी डंके की चोट कह सकता हूँ कि बेचारी सरला का खून (अगर वास्तव में वह मारी गई है तो) हरनंदन ही की बदौलत हुआ है। अगर मेरी मदद की जाए तो मैं इसको साबित करके दिखा भी सकता हूँ।

लालसिंह : क्या तुम इस बात को साबित कर सकते हो ?

पारस. : बेशक !

लालसिंह : तो क्या सरला के मारे जाने में भी तुम्हें कोई शक है ?

पारस. : जी हाँ, पूरा-पूरा शक है ! मेरा दिल गवाही देता है कि यदि उद्योग के साथ पता लगाया जाएगा तो सरला मिल जाएगी।

लालसिंह : क्या यह काम तुम्हारे किए हो सकता है ?

पारस. : बेशक, मगर खर्च बहुत ज्यादे करना होगा !

लाल. : यद्यपि मैं तुम पर विश्वास और भरोसा नहीं रखता पर इस बारे में अंधा और बेवकूफ बनकर भी तुम्हारी मार्फत खर्च करने को तैयार हूँ। मगर तुम यह बताओ कि हरनंदन सरला के साथ दुश्मनी करके अपना नुकसान कैसे कर सकता है !

पारस. : इसका बहुत बड़ा सबब है जिसके लिए हरनंदन ने ऐसा किया, वह बड़े आन-बान का आदमी है।

लाल. : आखिर वह सबब क्या है सो साफ-साफ क्यों नहीं कहते ?

पारस. : (इधर-उधर देखकर) मैं किसी समय एकांत में आपसे कहूँगा।

लाल. : अभी इसी जगह एकांत हो जाता है, जो कुछ कहना है तुरंत कहो, क्या तुम नहीं जानते कि इस समय मेरे दिल पर क्या बीत रही है ?

इतना कहकर लालसिंह ने औरों की तरफ देखा और उसी समय वे लोग

उठकर थोड़ी देर के लिए दूसरे कमरे में चले गए। उस समय पुनः पूछे जाने पर पारसनाथ ने कहा, "हरनंदन अपनी बुद्धि और विद्या के आगे रुपए की कुछ भी कदर नहीं समझता। वह आपके रुपए का लालची नहीं है बल्कि अपनी तबीयत का बादशाह है। उसका बाप बेशक आपकी दौलत अपनी किया चाहता है मगर हरनंदन को सरला के साथ ब्याह करना मंजूर न था क्योंकि वह अपना दिल किसी और ही को दे चुका है जो एक गरीब की लड़की है और जिसके साथ शादी करना उसका बाप पसंद नहीं करता। इसीलिए उसने इस ढंग से सरला को बदनाम करके पीछा छुड़ाना चाहा है। इस संबंध में और भी बहुत-सी बातें हैं जिन्हें मैं आपके सामने मुँह से नहीं निकाल सकता क्योंकि आप बड़े हैं और बातें छोटी हैं।"

लाल. : (ताज्जुब के साथ) क्या तुम ये सब बातें सच कह रहे हो?

पारस. : मेरी बातों में रत्ती बराबर भी झूठ नहीं है। मैं छाती ठोक के दावे के साथ कह सकता हूँ कि यदि आप खर्च की पूरी-पूरी मदद देंगे तो मैं थोड़े ही दिनों में ये सब बातें सिद्ध करके दिखा दूँगा।

लाल. : इस बारे में क्या खर्च पड़ेगा?

पारस. : दस हजार रुपए। अगर जीती-जागती सरला का भी पता लग गया और उसे मैं छुड़ाकर अपने घर ला सका तो पच्चीस हजार रुपए से कम खर्च नहीं पड़ेगा।

लाल. : (अपनी छाती पर हाथ रखके) मुझे मजूर है।

पारस. : तो मैं भी फिर अपनी जान हथेली पर रखकर उद्योग करने के लिए तैयार हूँ।

लाल. : अच्छा अब उन लोगों को बुला लेना चाहिए जो दूसरे कमरे में चले गए हैं।

पारस. : जो आज्ञा मगर ये बातें सिवाय मेरे और आपके किसी तीसरे को मालूम न हों।

रात दो घंटे से ज्यादे नहीं रह गई है। दरभंगा के बाजारों की रौनक अभी मौजूद है मगर घटती जाती है, हाँ उस बाजार की रौनक कुछ दूसरे ही ढंग पर पलटा खा रही है जो रंडियों की आबादी से विशेष संबंध रखती है, अर्थात उनके निचले खंड की रौनक से ऊपरवाले खंड की रौनक ज्यादे होती जा रही है। इस उपन्यास के इस बयान में हमको इसी बाजार से कुछ मतलब है, क्योंकि उस बाँदी रंडी का मकान भी इसी बाजार में है जिसका जिक्र इस किस्से के पहले और दूसरे बयान में आ चुका है। बाँदी का मकान तीन मरातब का है और उसमें जाने के लिए दो रास्ते हैं, एक तो बाजार की तरफ से और दूसरा पिछवाड़ेवाली अंधेरी गली में से।

पहली मरातब में बाजार की तरफ एक बहुत बड़ा कमरा और दोनों तरफ दो कोठड़ियाँ तथा उन कोठड़ियों में से दूसरी कोठड़ियों में जाने का रास्ता बना हुआ है और पिछवाड़े की तरफ केवल पाँच दर का एक दालान है। दूसरी मरातब पर चारों कोनों में चार कोठड़ियाँ और बीच में चारों तरफ छोटे-छोटे चार कमरे हैं। तीसरी मरातब पर केवल एक बँगला और बाकी का मैदान अर्थात खुली छत है। इस समय हम बाँदी को इसी तीसरी मरातबवाले बँगले में बैठे देखते हैं। उसके पास एक आदमी और भी है जिसकी उम्र लगभग पच्चीस वर्ष होगी। कद लंबा, रंग गोरा, चेहरा कुछ खूबसूरत, बड़ी-बड़ी आँखें, (मगर पुतलियों का स्थान स्याह होने के बदले कुछ नीलापन लिए हुए था) भवें दोनों नाक के ऊपर से मिली हुईं, पेशानी सुकड़ी, सर के बाल बड़े-बड़े मगर घुँघराले हैं। बदन के कपड़े--पायजामा चपकन, रूमाल इत्यादि यद्यपि मामूली ढंग के हैं मगर साफ हैं, हाँ, सिर पर कलाबत्तू कोर का बनारसी दुपट्टा बाँधे हैं जिससे उसकी ओछी तथा फैल सूफ तबीयत का पता लगता है। यह शख्स बाँदी के पास एक बड़े तकिये के सहारे झुका हुआ मीठी-मीठी बातें कर रहा है।

इस बँगले की सजावट भी बिलकुल मामूली और सादे ढंग की है। जमीन पर गुदगुदा फर्श और छोटे-बड़े कई रंग के बीस-पच्चीस तकिये पड़े हुए हैं, दीवार में केवल एक जोड़ी दीवारगीर भी लगी है जिसमें रंगीन पानी के गिलास की रोशनी हो रही है। बाँदी इस समय बड़े प्रेम से उस नौजवान

की तरफ झुकी हुई बातें कर रही है।

नौजवान : मैं तुम्हारे सर की कसम खाकर कहता हूँ, क्योंकि इस दुनिया में मैं तुमसे बढ़कर किसी को नहीं मानता।

बाँदी : (एक लंबी साँस लेकर) हम लोगों के यहाँ जितने आदमी आते हैं सभी लंबी-लंबी कसमें खाया करते हैं मगर मुझे उन कसमों की कुछ परवाह नहीं रहती, परंतु तुम्हारी कसमें मेरे कलेजे पर लिखी जाती हैं क्योंकि मैं तुम्हें सच्चे दिल से प्यार करती हूँ।

नौजवान : यही हाल मेरा है। मुझे इस बात का खयाल हरदम बना रहता है कि बाप-माँ, भाई-बिरादर, देवता-धर्म सबसे बिगड़ जाए तो बिगड़ जाए मगर तुमसे किसी तरह कभी बिगड़ने या झूठे बनने की नौबत न आवे। सच तो यों है कि मैं तुम्हारे हाथ बिक गया हूँ बल्कि अपनी खुशी और जिंदगी को तुम्हारे ऊपर न्यौछावर कर चुका हूँ और केवल तुम्हारा ही भरोसा रखता हूँ। देखो, अबकी दफे मेरी माँ सचमुच मेरी दुश्मन हो गई मगर मैंने उसका कुछ भी खयाल न किया, हाथ लगी रकम के लौटाने का इरादा भी मन में न आने दिया और तुम्हारी खातिर यहाँ तक ला ही छोड़ा। अभी तो मैं कुछ कह नहीं सकता, हाँ, अगर ईश्वर मेरी सुन लेगा और तुम्हारी मेहनत ठिकाने लग जाएगी तो मैं तुम्हें माला-माल कर दूँगा।

बाँदी : मैं तुम्हारी ही कसम खाकर कहती हूँ कि मुझे धन-दौलत का कुछ भी खयाल नहीं। मैं तो केवल तुमको चाहती हूँ और तुम्हारे लिए जान तक देने को तैयार हूँ मगर क्या करूँ मेरी अम्मा बड़ी चांडालिन है। वह एक दिन भी मुझे रुलाए बिना नहीं रहती। अभी कल की बात है कि दोपहर के समय मैं इसी बँगले में बैठी हुई तुम्हें याद कर रही थी, खाना-पीना कुछ भी नहीं किया था, चार-पाँच दफे मेरी अम्मा कह चुकी थीं मगर मैंने पेट-दर्द का बहाना करके टाल दिया था, इत्तफाक से न मालूम कहाँ का मारा-पीटा एक सर्दार आ पहुँचा और अम्मा जान को यह जिद्द हुई कि मैं उसके पास अवश्य जाऊँ जिसे उन्होंने बड़ी खातिर से नीचेवाले कमरे में बैठा रखा था। मगर मुझे उस समय सिवाय तुम्हारे खयाल के और कुछ अच्छा नहीं लगता था, इसलिए मैं यहाँ बैठी रह गई, नीचे न उतरी, बस अम्मा एकदम यहाँ

चली आईं और मुझे हजारों गालियाँ देने लगीं और तुम्हारा नाम ले-लेकर कहने लगीं कि पारसनाथ आवेंगे तो रात-रात-भर बैठी बातें किया करेगी और जब कोई दूसरा सर्दार आकार बैठेगा तो उसे पूछेगी भी नहीं ! आखिर घर का खर्च कैसे चलेगा ? इत्यादि बहुत कुछ बक गईं मगर मैंने वह चुप्पी साधी कि सर तक न उठाया, आखिर बहुत बक-झक कर चली गईं । फिर यह भी न मालूम हुआ कि अम्मा ने उस सर्दार को क्या कहकर विदा किया या क्या हुआ । एक दिन की कौन कहे रोज ही इस तरह की खटपट हुआ करती है ।

पारस. : खैर थोड़े दिन और सब्र करो, फिर तो मैं उन्हें ऐसा खुश कर दूँगा कि वह भी याद करेंगी । मेरे चाचा की आधी जायदाद भी कम नहीं है । अस्तु, जिस समय वह तुम्हें बेगमों की तरह ठाठबाट से देखेंगी और खजाने की तालियों का झब्बा अपनी करधनी से लटकता हुआ पावेंगी उस समय उन्हें बोलने का कोई मुँह न रहेगा, दिन-रात तुम्हारी बलाएँ लिया करेंगी ।

बाँदी : तब भला वह क्या कहने लायक रहेंगी और आज भी वह मेरा क्या कर सकती हैं ? अगर बिगड़कर खड़ी हो जाऊँ तो उनके किए कुछ भी न हो, मगर क्या करूँ लोक-निंदा से डरती हूँ ।

पारस. : नहीं-नहीं, ऐसा कदापि न करना ! मैं नहीं चाहता कि तुम्हारी किसी तरह की बदनामी हो और सर्दार लोग तुम्हारी ढिठाई की घर-घर में चर्चा करें, अब भी मैं तुम्हें रत्ती-भर तकलीफ होने न दूँगा और तुम्हारे घर का खर्चा किसी-न-किसी तरह जुटाता ही रहूँगा ।

बाँदी : नहीं जी, मैं तुम्हें अपने खर्चे के लिए भी तकलीफ देना नहीं चाहती, मैं इस लायक हूँ कि बहुत-से सर्दारों को उल्लू बनाकर अपना खर्च निकाल लूँ । तुमसे एक पैसा लेने की नीयत नहीं रखती, मगर क्या करूँ, अम्मा से लाचार हूँ इसी से जो कुछ तुम देते हो लेना पड़ता है । अगर उनके हाथ में मैं यह कहकर कुछ रुपै न दूँ कि 'पारस बाबू ने दिया है' तो वे बिगड़ने लगती हैं और कहती हैं कि 'ऐसे सर्दार का आना किस काम का जो बिना कुछ दिए चला जाए !' मैंने तुमसे अभी तक तो साफ-साफ नहीं कहा, आज जिक्र आने पर कहती हूँ कि उन्हें खुश करने के लिए मुझे बड़ी-बड़ी तरकीबें

करनी पड़ती हैं। और सर्दारों से जो कुछ मिलता है उसका पूरा-पूरा हाल तो उन्हें मालूम हो ही नहीं सकता, इससे उन रकमों से मैं बहुत कुछ बचा रखती हूँ। जिस दिन तुम बिना कुछ दिए चले जाते हो उस दिन अपने पास से उन्हें कुछ देकर तुम्हारा दिया हुआ बता देती हूँ, यही सबब है कि वह ज्यादे चीं-चपड़ नहीं कर सकतीं।

पारस. : यह तो मैं अच्छी तरह जानता हूँ कि तुम मुझे जी-जान से चाहती हो और मुझ पर मेहरबानी रखती हो मगर क्या करूँ लाचार हूँ! तो भी इस बात की कोशिश करूँगा कि जब तुम्हारे यहाँ आऊँ, तुम्हारे वास्ते कुछ-न-कुछ जरूर लेता आऊँ।

बाँदी : अजी रहो भी, तुम तो पागल हुए जाते हो! इसी से मैं तुम्हें सब हाल नहीं कहती थी, जब मैं उन्हें किसी-न-किसी तरह खुश कर ही लेती हूँ तो फिर तुम्हें तरद्दुद करने की क्या जरूरत है?

इसी प्रकार की बातें दोनों में हो रही थीं कि एक नौजवान लौंडी जो घर-भर को बल्कि दुनिया की हर एक चीज को एक ही निगाह (आँख) से देखती थी, मटकती हुई आ पहुँची और बाँदी से बोली, "बीबी, नीचे छोटे नवाब साहब आए हैं!"

बाँदी : (चौंककर) अरे आज क्या है! कहाँ बैठे हैं?

लौंडी : अम्मा ने उन्हें पूरबवाली कोठरी में बैठाया है और आप भी उन्हीं के पास बैठी हैं।

बाँदी : अच्छा तू चल, मैं अभी आती हूँ! (पारसनाथ की तरफ देख के)बड़ी मुश्किल हुई अगर मैं उनके पास न जाऊँ तो भी आफत, कहें कि 'लो साहब, रंडी का दिमाग नहीं मिलता!' इतना ही नहीं, बेइज्जती करने के लिए तैयार हो जाएँ।

पारस. : नहीं-नहीं, ऐसा न करना चाहिए, लो मैं जाता हूँ, अब तुम भी जाओ। (उठते हुए) ओफ, बड़ी देर हो गई!

बाँदी : पहिले वादा कर लो कि अब कब मिलोगे?

पारस. : कल तो नहीं मगर परसों जरूर मैं आऊँगा।

बाँदी : मेरे सर पर हाथ रखो।

पारस. : (बाँदी के सर पर हाथ रखके) तुम्हारे सर की कसम, परसों जरूर आऊँगा।

दोनों वहाँ से उठ खड़े हुए और निचले खंड में आए। पारसनाथ सदर दर्वाजे से होता हुआ अपने घर रवाना हुआ और बाँदी उस कोठरी में चली गई जिसमें नवाब साहब के बैठाए जाने का हाल लौंडी ने कहा था। दर्वाजे पर पर्दा पड़ा हुआ था और कोठड़ी के अंदर बाँदी की माँ के सिवाय दूसरा कोई न था। नवाब के आने का तो बहाना-ही-बहाना था।

बाँदी को देखकर उसकी माँ ने पूछा, "गया ?"

बाँदी : हाँ, गया। कमबख्त जब आता है, उठने का नाम ही नहीं लेता !

बाँदी का माँ : क्या करेगी बेटी ! हम लोगों का काम ही ऐसा ठहरा। अब जाओ कुछ खा-पी लो, हरनंदन बाबू आते ही होंगे, इसीलिए मैंने नवाब साहब का बहाना करवा भेजा था।

बाँदी और उसकी माँ धीरे-धीरे बातें करती खाने के लिए चली गईं। आधे घंटे के अंदर ही छुट्टी पाकर दोनों फिर उसी कोठड़ी में आईं और बैठकर यों **बातें** करने लगीं–

बाँदी : चाहे जो हो मगर सरला किसी दूसरे के साथ शादी न करेगी।

बाँदी की माँ : (हँसकर) दूसरे की बात जांने दो उसे खास हरिहरसिंह के साथ शादी करनी पड़ेगी जिसकी सूरत-शक्ल और चालचलन को वह सपने में भी पसंद नहीं करती !

पाठक ! हरिहरसिंह उसी सवार का नाम था जिसका जिक्र उस उपन्यास के पहिले बयान में आ चुका है और जो बाँदी रंडी से उस समय मिला था जब वह नाचने-गाने के लिए हरनंदनसिंह के घर जा रही थी।

बाँदी अपनी माँ की बातें सुनकर कुछ देर तक सोचती रही और इसके बाद बोली, "लेकिन ऐसा न हुआ तब ?"

बाँदी की माँ : तब पारसनाथ को कुछ भी फायदा न होगा।

बाँदी : पारसनाथ को तो सरला की शादी किसी दूसरे के साथ हो जाने ही से फायदा हो जाएगा, चाहे वह हरिहरसिंह हो चाहे कोई और हो मगर हो पारसनाथ का कोई दोस्त ही।

बाँदी की माँ : अगर ऐसा न हुआ तो वसीयतनामे में झगड़ा हो जाएगा।

बाँदी : अगर सरला का बाप पहिला वसीयतनामा तोड़कर दूसरा वसीयतनामा लिखे, तब ?

बाँदी की माँ : इसी खयाल से तो मैंने पारसनाथ से कहा था कि सरला की शादी लालसिंह के जीते-जी न होनी चाहिए और इस बात को वह अच्छी तरह समझ भी गया है।

बाँदी : मगर लालसिंह बड़ा ही काँइयाँ है।

बाँदी की माँ : ठीक है, मगर वह पारसनाथ के फेर में उस वक्त आ जाएगा जब वह उसे यहाँ लाकर तुम्हारे पास बैठे हुए हरनंदन का मुकाबला करा देगा।

बाँदी : लालसिंह जब यहाँ हरनंदन बाबू को देखेगा तो वह उन्हें बिना टोके कभी न रहेगा, और अगर टोकेगा तो हरनंदन बाबू को विश्वास हो जाएगा कि बाँदी ने मेरे साथ दगा की।

बाँदी की माँ : नहीं-नहीं, हरनंदन बाबू को ऐसा समझने का मौका कभी न देना चाहिए ! मगर यही तो हम लोगों की चालाकी है ! हमें दोनों तरफ से फायदा उठाना और दोनों को अपना आसामी बनाए रखना ही उचित है।

बाँदी : तो फिर क्या तरकीब की जाए ?

बाँदी की माँ : हरनंदन बाबू को सरला का पता बताना और लालसिंह को हरनंदन की सूरत दिखाना, ये दोनों काम एक ही समय में होने चाहिए। इसके बाद हम लोग लालसिंह से बिगड़ जाएँगे और उसे यहाँ से फौरन निकल जाने के लिए कहेंगे, उस समय हरनंदन बाबू को हम लोगों पर शक न होगा।

बाँदी : मगर इसके अतिरिक्त इस बात की उम्मीद कब है कि हरनंदन बाबू से बहुत दिनों तक फायदा होता रहेगा ?

बाँदी की माँ : (मुस्कराकर) अरे हम लोग बड़े-बड़े जतियों को मुरुंडा कर लेती हैं, हरनंदन हैं क्या चीज ? अगर मेरी तालीम का असर तुझ पर पड़ता रहेगा तो यह कोई बड़ी बात न होगी।

बाँदी : कोशिश तो जहाँ तक हो सकेगा करूँगी मगर सुनने में बराबर

यही आता है कि हरनंदन बाबू को गाने-बजाने का या रंडियों से मिलने का कुछ भी शौक नहीं है, बल्कि वह रंडियों के नाम से चिढ़ता है।

बाँदी की माँ : ठीक है, इस मिजाज के सैकड़ों आदमी होते हैं और हैं, मगर उनके खयालों की मजबूती तभी तक कायम रहती है जब तक वे किसी-न-किसी तरह हम लोगों के घर में पैर नहीं रखते, और जहाँ एक दफे हम लोगों के आँचल की हवा उन्हें लगी तहाँ उनके खयालों की मजबूती में फर्क पड़ा! एक-दो कौन कहे पचासों जती और ब्रह्मचारियों की खबर तो मैं ले चुकी हूँ। हाँ अगर तेरे किए कुछ हो न सके तो बात ही दूसरी है।

इसी किस्म की बातें हो रही थीं कि लौंडी ने हरनंदन बाबू के आने की खबर दी। सुनते ही बाँदी घबराहट के साथ उठ खड़ी हुई और बीस-पच्चीस कदम आगे बढ़कर बड़ी मुहब्बत और खातिरदारी का बर्ताव दिखाती हुई उसी कोठड़ी के दर्वाजे तक ले आई जिसमें बैठकर अपनी माँ से बातें कर रही थी और जहाँ उसकी माँ सलाम करने की नीयत से खड़ी थी। अस्तु, बाँदी की माँ ने हरनंदन बाबू को झुककर सलाम करने के बाद बाँदी से कहा, "बाँदी! आपको यहाँ मत बैठाओ जहाँ अक्सर लोग आते-जाते रहते हैं बल्कि ऊपर बँगले ही में ले जाओ क्योंकि वह आप ही के लायक है और आपको पसंद भी है।"

इतना कहकर बाँदी की माँ हट गई और बाँदी 'हाँ ऐसा ही करती हूँ' कहकर हरनंदन बाबू को लिए ऊपरवाले उसी बँगले में चली गई जिसमें थोड़ी देर पहिले पारसनाथ बैठकर बाँदी के साथ 'चारा-बदलोअल' कर चुका था।

हरनंदन बाबू बड़ी इज्जत और जाहिरी मुहब्बत के साथ बैठाए गए और इसके बाद उन दोनों में यों बातचीत होने लगी—

बाँदी : कल तो आपने खूब छकाया! दो बजे तक मैं बराबर बैठी इंतजार करती रही, आखिर बड़ी मुश्किल से नींद आई, सो नींद में भी बराबर चौंकती रही।

हरनंदन : हाँ, एक ऐसा टेढ़ा काम आ पड़ा था कि मुझे कल बारह बजे रात तक बाबू जी ने अपने पास से उठने न दिया, उस समय और भी कई

आदमी बैठे हुए थे।

बाँदी : तभी ऐसा हुआ ! मैं भी यही सोच रही थी कि आप बिना किसी भारी सबब के वादाखिलाफी करनेवाले नहीं हैं।

हरनंदन : मैं अपने वादे का बहुत बड़ा खयाल रखता हूँ और किसी को यह कहने का मौका नहीं दिया चाहता कि हरनंदन वादे के सच्चे नहीं हैं।

बाँदी : इस बारे में तो तमाम जमाना आपकी तारीफ करता है। मुझे आप ऐसे सच्चे सर्दार की सोहबत का फख्र है। अभी कल मेरे यहाँ बी इमामीजान आई थीं। बात-ही-बात में उन्होंने मुझे कह ही तो दिया कि 'हाँ बाँदी, अब तुम्हारा दिमाग आसमान के नीचे क्यों उतरने लगा ! हरनंदन बाबू ऐसे सच्चे सर्दार को पाकर तुम जितना घमंड करो थोड़ा है !' मैं समझ गई कि यह डाह से ऐसा कह रही है।

हरनंदन : (ताज्जुब की सूरत बनाकर) इमामीजान को मेरा हाल कैसे मालूम हुआ ? क्या तुमने कह दिया था ?

बाँदी : (जोर देकर) अजी नहीं, मैं भला क्यों कहने लगी थी ? यह काम उसी दुष्ट पारसनाथ का है। उसी ने तुम्हें कई जगह बदनाम किया है। मैं तो जब भी उसकी सूरत देखती हूँ मारे गुस्से के आँखों में खून उतर आता है, यही जी चाहता है कि उसे कच्चा ही खा जाऊँ, मगर क्या करूँ, लाचार हूँ, तुम्हारे काम का खयाल करके रुक जाती हूँ। कल वह फिर मेरे यहाँ आया था, मैंने अपने क्रोध को बहुत रोका मगर फिर भी ज़ुबान चल ही पड़ी, बात ही बात में कई जली-कटी कह गई।

हरनंदन : लेकिन अगर उससे ऐसा ही सूखा बर्ताव रखोगी तो मेरा काम कैसे चलेगा ?

बाँदी : आप ही के काम का खयाल तो मुझे उससे मिलने पर मजबूर करता है, अगर ऐसा न होता तो मैं उसकी वह दुर्गति करती कि वह भी जन्म-भर याद करता। मगर उसे आप पूरा बेहया समझिए, तुरंत ही मेरी दी हुई गालियों को बिलकुल भूल जाता है और खुशामदें करने लगता है। कल मैंने उसे विश्वास दिला दिया कि मुझसे और आप (हरनंदन) से लड़ाई हो गई और अब सुलह नहीं हो सकती, अब यकीन है कि दो-तीन दिन में आपका

काम हो जाएगा।

हरनंदन : अरे हाँ, परसों उसी कंबख्त की बदौलत एक बड़ी मजेदार बात हुई।

बाँदी : (और आगे खसककर और ताज्जुब के साथ) क्या, क्या ?

हरनंदन : उसी के सिखाने-पढ़ाने से परसों लालसिंह ने एक आदमी मेरे बाप के पास भेजा। उस समय जबकि उस आदमी से और मेरे बाप से बातें हो रही थीं इत्तिफाक से मैं भी वहाँ जा पहुँचा। यद्यपि मेरा इरादा तुरंत लौट पड़ने का था मगर मेरे बाप ने मुझे अपने पास बैठा लिया, लाचार उन दोनों की बातें सुनने लगा। उस आदमी ने लालसिंह की तरफ से मेरी बहुत-सी शिकायतें कीं और बात-बात में यही कहता रहा कि 'हरनंदन बाबू तो बाँदी रंडी को रखे हुए हैं और दिन-रात उसी के यहाँ बैठे रहते हैं, ऐसे आदमी को हमारी लड़की के गायब हो जाने का भला क्या रंज होगा ?' मेरे पिता पहिले तो चुपचाप बैठे देर तक ऐसी बातें सुनते रहे, मगर जब उनको हद से ज्यादे गुस्सा चढ़ आया तब उस आदमी से डपटकर बोले, "तुम जाकर लालसिंह को मेरी तरफ से कह दो कि अगर मेरा लड़का हरनंदन ऐयाश है तो तुम्हारे बाप का क्या लेता है ? तुम्हारी लड़की जाए जहन्नुम में और अब अगर वह मिल भी जाए तो मैं अपने लड़के की शादी उससे नहीं कर सकता। जो नौजवान औरत इस तरह बहुत दिनों तक घर से निकलकर गायब रहे वह किसी भले आदमी के घर में ब्याहुता बनकर रहने लायक नहीं रहती ! अब सुन लो कि मेरे लड़के ने खुल्लमखुला बाँदी रंडी को रख लिया है और उसे बहुत जल्दी यहाँ ले आवेगा ! बस तुम तुरंत यहाँ से चले जाओ, मैं तुम्हारा मुँह देखना नहीं चाहता !!"

इतना सुनते ही वह आदमी उठकर चला गया और तब मेरे बाप ने मुझसे कहा, "बेटा ! अगर तुम अभी तक बाँदी से कुछ वास्ता न भी रखते थे तो अब खुल्लमखुल्ला उसके पास आना-जाना शुरू कर दो और अगर तुम्हारी ख्वाहिश हो तो तुम उसे नौकर भी रख लो या यहाँ ले आओ। मैं उसके लिए पाँच सौ रुपए महीने का इलाका अलग कर दूँगा बल्कि थोड़े

दिन बाद वह इलाका उसे लिख भी दूँगा, जिसमें वह हमेशा आराम और चैन से रहे। इसके अलावा और जो कुछ तुम्हारी इच्छा हो उसे दो, मैं तुम्हारा हाथ कभी न रोकूँगा--देखें तो सही लालसिंह हमारा क्या कर लेता है!!"

बाँदी : (बड़े प्यार से हरनंदन का पंजा पकड़कर) सच कहना! क्या हकीकत में ऐसा हुआ?

हरनंदन : (बाँदी के सर पर हाथ रख के) तुम्हारे सर की कसम, भला मैं तुमसे झूठ बोलूँगा! तुमसे क्या मैंने कभी और किसी से भी आज तक कोई बात भला झूठ कही है?

बाँदी : (खुशी से) नहीं-नहीं, इस बात को मैं बहुत अच्छी तरह जानती हूँ कि आप कभी किसी से झूठ नहीं बोलते!

हरनंदन : और फिर इस बात का विश्वास तो और लोगों को भी थोड़ी ही देर में हो जाएगा क्योंकि आज मैं किसी से लुक-छिप के यहाँ नहीं आया हूँ बल्कि खुल्लमखुल्ला आया हूँ। मेरे साथ एक सिपाही और एक नौकर भी आया है जिन्हें मैं नीचे दरवाजे पर इसलिए छोड़ आया हूँ कि बिना मेरी मर्जी के किसी को ऊपर न आने दें।

बाँदी : (ताज्जुब से) हाँ!!

हरनंदन : (जोर देकर) हाँ! और आज मैं यहाँ बहुत देर तक बैठूँगा बल्कि तुम्हारा मुजरा भी सुनूँगा। डेरे पर मैं सभों से कह आया हूँ कि 'मैं बाँदी के यहाँ जाता हूँ, अगर कोई जरूरत आ पड़े तो वहीं मुझे खबर देना।' मैं तो बाप का हुक्म पाते ही इस तरफ को रवाना हुआ और यहाँ पहुँचकर बड़ी आजादी के साथ घूम रहा हूँ। आज से तुम मुझे अपना ही समझो और विश्वास रखो कि तुम बहुत जल्द अपने को किसी और ही रंग-ढंग में देखोगी।

बाँदी : (खुशी स हरनंदन के गले में हाथ डाल के) यह तो तुमने बड़ी खुशी की बात सुनाई! मगर रुपए-पैसे की मुझे कुछ भी चाह नहीं है, मैं तो सिर्फ तुम्हारे साथ रहने में खुश हूँ, चाहे तुम जिस तरह रखो।

हरनंदन : मुझे भी तुमसे ऐसी ही उम्मीद है। अब जहाँ तक जल्द हो सके तुम उस काम को ठीक करके पारसनाथ को जवाब दे दो और इस मकान को छोड़कर किसी दूसरे आलीशान मकान में रहने का बंदोबस्त करो। अब मुझे सरला का पता लगाने की कोई जरूरत तो नहीं रही मगर फिर भी मैं अपने बाप को सच्चा किए बिना नहीं रह सकता जिसने मेहरबानी करके मुझे तुम्हारे साथ वास्ता रखने के लिए इतनी आजादी दे रखी है और तुम्हें भी इस बात का खयाल जरूर होना चाहिए। वे चाहते हैं कि सरला लालसिंह के घर पर पहुँच जाए और तब लालसिंह देखें कि हरनंदन सरला के साथ शादी न करके बाँदी के साथ कैसे मजे में जिंदगी बिता रहा है।

बाँदी : जरूर ऐसा होना चाहिए ! मैं आपसे वादा करती हूँ कि चार दिन के अंदर ही सरला का पता लगाके पारसनाथ का मुँह काला करूँगी !

हरनंदन : (बाँदी की पीठ पर हाथ फेरके) शाबाश !!

बाँदी : यद्यपि आपको अब किसी का डर नहीं रहा और बिलकुल आजाद हो गए हैं मगर मैं आपको राय देती हूँ कि दो-तीन दिन अपनी आजादी को छिपाए रखिए जिसमें पारसनाथ से मैं अपना काम बखूबी निकाल लूँ।

हरनंदन : खैर जैसा तुम कहोगी वैसा ही करूँगा, मगर इस बात को खूब समझ रखना कि आज से तुम हमारी हो चुकीं, तुम्हारा बिलकुल खर्च मैं अदा करूँगा और तुम्हें किसी के आगे हाथ फैलाने का मौका न दूँगा। आज से मैं तुम्हारा मुशाहरा मुकर्रर कर देता हूँ और तुम भी गैरों के लिए अपने घर का दर्वाजा बंद कर दो।

बाँदी : जो कुछ आपका हुक्म होगा मैं वही करूँगी और जिस तरह रखोगे रहूँगी। मेरा तो कुछ ज्यादे खर्च नहीं है और न मुझे रुपए-पैसे की लालच ही है मगर क्या करूँ अम्मा के मिजाज से लाचार हूँ और उनका हाथ भी ज़रा शाह-खर्च है।

हरनंदन : तो हर्ज ही क्या है, जब रुपए-पैसे की कुछ कमी हो तो ऐसी

बातों पर ध्यान देना चाहिए। जब तक मैं मौजूद हूँ तब तक किसी तरह की फिक्र तुम्हारे दिल में पैदा नहीं हो सकती और न तुम्हारा कोई शौक पूरा हुए बिना रह सकता है, अच्छा ज़रा अपनी अम्मा को तो बुला लाओ।

बाँदी : बहुत अच्छा, मैं खुद जाकर उन्हें अपने साथ ले आती हूँ।

इतना कहकर बाँदी हरनंदन के मोढ़े पर दबाव डालती हुई उठ खड़ी हुई और कमर को बल देती हुई कोठड़ी के बाहर निकल गई। थोड़ी देर तक हमारे हरनंदन बाबू को अपने विचार में डूबे रहने का मौका मिला और इसके बाद अपनी अम्माजान को लिए हुए बाँदी आ पहुँची। बाँदी हरनंदन से कुछ दूर हटकर बैठ गई और बुढ़िया आफत की पुड़िया ने इस तरह बातें करना शुरू किया—

बुढ़िया : खुदा सलामत रखे, आले-आले मरातिब हों, मैं तो दिन-रात दुआ करती हूँ, कहिए क्या हुक्म है?

हरनंदन : बड़ी बी! मैं तुमसे एक बात कहा चाहता हूँ।

बुढ़िया : कहिए, कहिए, क्या बाँदी से कुछ बेअदबी हो गई है?

हरनंदन : नहीं-नहीं, बाँदी बेचारी ऐसी बेअदब नहीं है कि उससे किसी तरह का रंज पहुँचे। मैं उससे बहुत खुश हूँ और इसीलिए मैं उसे हमेशा अपने पास रखना चाहता हूँ।

बुढ़िया : ठीक है, अगर आप ऐसा अमीर इसे नौकर न रखेगा तो रखेगा कौन? और अमीर लोग तो ऐसा करते ही हैं! मैं तो पहिले ही सोचे हुए थी कि आप ऐसे अमीर उठाईगीरों की तरह चूल्हा रखना पसंद न करेंगे।

हरनंदन : मैं नहीं चाहता कि जिसे मैं अपना बनाऊँ उसे दूसरे के आगे हाथ फ़ैलाना पड़े या कोई दूसरा उसे उँगली भी लगावे।

बुढ़िया : ठीक है, ठीक है, भला ऐसा कब हो सकता है? जब आपकी बदौलत मेरा पेट भरेगा तो दूसरे कम्बख्त को आने ही क्यों दूँगी। आप ही ऐसे सर्दार की खिदमत में रहने के लिए तो हजारों रुपै खर्च करके मैंने इसे आदमी बनाया है, तालीम दिलवाई है, और सच तो यों है कि यह आपके लायक है भी। मैं बड़े तरद्दुद में पड़ी रहती थी और सोचती थी कि यह तो दिन-रात आपके ध्यान में डूबी रहती है और मैं कर्ज़ के बोझ से दबी जा रही

हूँ, आखिर काम कैसे चलेगा ? चलो अब मैं हलकी हुई, आप जानें और बाँदी जाने, इसकी इज्जत-हुरमत सब आपके हाथ में है ।

हरनंदन : भला बताओ तो सही कितने रुपै महीने में तुम्हारा अच्छी तरह गुजर हो सकता है ?

बुढ़िया : ऐ हजूर ! भला मैं क्या बताऊँ ? आपसे कौन-सी बात छिपी हुई है ? घर में दस आदमी खानेवाले ठहरे, तिस पर महँगी के मारे नाकों में दम हो रहा है । हाथ का फुटकर खर्च अलग ही दिन-रात परेशान किए रहता है । अभी कल की बात है कि छोटे नवाब साहब इसे दो सौ रुपै महीना देने को राजी थे, मगर नाच-मुजरा सब बंद करने को कहते थे, मैंने मंजूर न किया क्योंकि नाच-मुजरे से सैकड़ों रुपए आ जाते हैं तब कहीं घर का काम मुश्किल से चलता है, खाली दो सौ रुपए से क्या हो सकता है ।

हरनंदन : खैर नाच-मुजरा तो मेरे वक्त में भी बंद करना ही पड़ेगा मगर आदत बनी रहने के खयाल से खुद सुना करूँगा और उसका इनाम अलग दिया करूँगा । अभी तो मैं इसके लिए चार सौ रुपए महीने का इंतजाम कर देता हूँ फिर पीछे देखा जाएगा । मैंने अपना इरादा और अपने बाप का हाल भी बाँदी से कह दिया है, तुम सुनोगी तो खुश होवोगी । (बीस अशर्फियाँ बुढ़िया के आगे फेंककर) लो इस महीने की तनखाह पेशगी दे जाता हूँ । अब तुम्हें कोई दूसरा आलीशान मकान भी किराए ले लेना चाहिए जिसका किराया मैं अलग से दूँगा ।

बुढ़िया : (अशर्फियों को खुशी-खुशी उठाकर) बस-बस-बस, इतने में मेरे घर का खर्च बखूबी चल जाएगा, नाच-मुजरे की भी जरूरत न रहेगी । बाकी रहा गहना-कपड़ा, सो आप जानिए और बाँदी जाने, जिस तरह रखिएगा रहेगी । अब मैं एक ही दो दिन में अपना और बाँदी का गहना बेचकर कर्जा भी चुका देती हूँ, क्योंकि ऐसे सर्दार की खिदमत में रहनेवाली बाँदी के घर किसी तगादगीर का आना अच्छा नहीं है और मैं यह बात पसंद नहीं करती ।

इतना कहकर बुढ़िया उठ गई और हरनंदन बाबू ने उसकी आखिरी बात का कुछ जवाब न दिया ।

बुढ़िया के चले जाने के बाद घंटे-भर तक हरनंदन बाँदी के बनावटी प्यार और नखरे का आनंद लेते रहे और इसके बाद उठकर अपने डेरे की तरफ रवाना हुए ।

दिन आधे घंटे से ज्यादे बाकी है । आसमान पर कहीं-कहीं बादल के गहरे टुकड़े दिखाई दे रहे हैं और साथ ही इसके बरसाती हवा भी इस बात की खबर दे रही है कि यही टुकड़े थोड़ी देर में इकट्ठे होकर जमीन को तराबोर कर देंगे । इस समय हम अपने पाठकों को जिस बाग में ले चलते हैं वह एक तो मालियों की कारीगरी और शौकीन मालिक की निगरानी तथा मुस्तैदी के सबब खुद ही रौनक पर रहा करता है, दूसरे, आजकल के मौसिम बर्सात ने उसके जीवन को और भी उभाड़ रखा है । यह बाग जिसके बीच में एक सुंदर कोठी भी बनी हुई है, हमारे हरनंदन बाबू के सच्चे और दिली दोस्त रामसिंह का है और इस समय वे स्वयं हरनंदन बाबू के हाथ में हाथ दिए और धीरे-धीरे टहलते हुए इस बाग के सुंदर गुलबूटे और क्यारियों का आनंद ले रहे हैं । देखनेवाला तो यही कहेगा कि 'ये दोनों मित्र इस दुनिया का सच्चा सुख लूट रहे हैं' मगर नहीं, इस समय ये दोनों एक भारी चिंता में डूबे हुए हैं और किसी कठिन मामले की कार्रवाई पर विचार कर रहे हैं जो कि आगे चलकर उनकी बातचीत से आपको मालूम होगा ।

हरनंदन : तुम कहते तो हो मगर ज्यादे खुल चलना भी मुझे पसंद नहीं है ।

रामसिंह : ज्यादे खुल चलना जमाने की निगाह में नहीं सिर्फ बाँदी और पारसनाथ की निगाह में ।

हरनंदन : हाँ, सो तो होगा ही और होता भी है मगर इस बात की खबर पहिले ही बाबू लालसिंह को ऐसी खूबी के साथ हो जानी चाहिए कि उनके दिल में रंज और शक को जगह न मिलने पावे और वे अपनी जान की हिफाजत का पूरा-पूरा बंदोबस्त भी कर रक्खें, बल्कि मुनासिब तो यह है कि वे कुछ दिन के लिए मुर्दों में अपनी गिनती करा लें ।

रामसिंह : (आवाज में जोर देकर) बेशक ऐसा ही होना चाहिए ! यह बात परसों ही मेरे दिल में पैदा हुई थी और इस मामले पर दो दिन तक मैंने अच्छी तरह गौर करके कई बातें अपने पिता से आज ही सवेरे कही भी हैं । उन्होंने भी मेरी बात बहुत पसंद की और वादा किया कि 'कल लालसिंह से मिलने के लिए जाएँगे और वहाँ पहुँचने के पहिले चाचा जी (कल्याणसिंह) से मिलकर अपना विचार भी प्रगट कर देंगे ।'

हरनन्दन : हाँ, तब कोई चिंता नहीं है, यद्यपि लालसिंह बड़ा उजड्डी और जिद्दी आदमी है परंतु आशा है कि चाचा जी (रामसिंह के पिता) की बातें उसके दिल में बैठ जाएँगी ।

रामसिंह : आशा तो ऐसी ही है । हाँ, मैं यह कहना तो भूल ही गया कि आज मैं महाराज से भी मिल चुका हूँ । ईश्वर की कृपा से जो कुछ मैं चाहता था महाराज ने उसे स्वीकार कर लिया और तुम्हें बुलाया भी है । सच तो यों है कि महाराज मुझ पर बड़ी ही कृपा रखते हैं ।

हरनंदन : निःसंदेह ऐसा ही है और जब महाराज से इतनी बातें हो चुकी हैं तो हम अपना काम बड़ी खूबी के साथ निकाल लेंगे । अच्छा मैं एक बात तुमसे और कहूँगा ।

रामसिंह : वह क्या ?

हरनंदन : एक आदमी ऐसा होना चाहिए जिस पर अपना विश्वास हो और जो अपने तौर पर जाकर बाँदी के यहाँ नौकरी कर ले और उसका एतबारी बन जाए ।

रामसिंह : ठीक है, मैं तुम्हारा मतलब समझ गया । मैं अपने असामियों ही में से बहुत जल्द किसी ऐसे आदमी का बंदोबस्त करूँगा । भरसक किसी औरत ही का बंदोबस्त किया जाएगा । (कुछ सोचकर) मगर मेरे यार ! इस बात का खुटका मुझे हरदम लगा रहता है कि कहीं बाँदी तुम्हें अपने काबू में न कर ले ! देखा चाहिए, इस कालिख से तुम अपने पल्ले को कहाँ तक बचाए रहते हो !

हरनंदन : मैं दावे के साथ तो नहीं कह सकता मगर नित्य सवेरे उठते ही पहिले ईश्वर से यही प्रार्थना करता हूँ कि मुझे इस बुरी हवा से बचाए

रहियो ।

रामसिंह : ईश्वर ऐसा ही करे ! (आसमान की तरफ देखकर) बादल तो बेहतर घिरे आ रहे हैं ।

हरनंदन : हाँ चलो, कोठी की छत पर बैठकर प्रकृति की शोभा देखें ।

रामसिंह : अच्छी बात है, चलो ।

दोनों मित्र धीरे-धीरे बातें करते हुए कोठी की तरफ रवाना हुए ।

रात दो घंटे से कुछ ज्यादे जा चुकी है । लालसिंह अपने कमरे में अकेला बैठा कुछ सोच रहा है । सामने एक मोमी शमादान जल रहा है तथा कलम-दवात और कागज भी रखा हुआ है । कभी-कभी जब कुछ खयाल आ जाता है, तो उस कागज पर दो-तीन पंक्तियाँ लिख देता है और फिर कलम रखकर कुछ सोचने-विचारने लगता है । कमरे के दर्वाजे बंद हैं और पंखा चल रहा है जिसकी डोरी कमरे से बाहर एक खिदमतगार के हाथ में है । यकायक पंखा रुका और लालसिंह ने सर उठाकर सदर दर्वाजे की तरफ देखा । कमरे का दर्वाजा खुला और उसने अपने पंखा खैंचनेवाले खिदमतगार को हाथ में एक पुर्जा लिए हुए कमरे के अंदर आते देखा ।

खिदमतगार ने पुर्जा लालसिंह के आगे रख दिया जिसने बड़े गौर से पुर्जा पढ़ने के बाद पहिले तो नाक-भौं चढ़ाया तथा फिर कुछ सोच-विचार कर खिदमतगार से कहा, "अच्छा, आने दे ।" इतना कह उसने वह कागज जिस पर लिख रहा था उठाकर जेब में रख लिया ।

खिदमतगार चला गया और उसके बाद ही सूरजसिंह ने कमरे के अंदर पैर रखा । उन्हें देखते ही लालसिंह उठ खड़ा हुआ और मजबूरी के साथ जाहिरी खातिरदारी का बर्ताव करके साहब-सलामत के बाद अपने पास बैठा लिया । इस समय सूरजसिंह अपनी मामूली पौशाक तो पहिरे हुए थे मगर ऊपर से एक बड़ी स्याह चादर से अपने को ढाँके हुए थे ।

लाल. : आज तो आपने मुझ बदनसीब पर बड़ी कृपा की !

सूरज. : (मुस्कराते हुए) बदनसीब कोई दूसरा ही कम्बख्त होगा, मैं तो

इस समय एक खुशनसीब और बुद्धिमान आदमी की बगल में बैठा हुआ बातें कर रहा हूँ जिससे मिलने के लिए आज चार दिन से सोच-विचार में पड़ा हुआ था ।

लाल. : (कुछ चौंककर) ताज्जुब है कि आप एक ऐसे आदमी को खुशनसीब कहते हैं जिसकी एकलौती लड़की ठीक ब्याहवाले दिन इस बेदर्दी के साथ मारी गई है कि जिसकी कैफियत सुनने से दुश्मन को भी रंज हो, और साथ ही इसके जिसके समधी तथा दामाद की तरफ से ऐसा बर्ताव हुआ हो जिसके बर्दाश्त की ताकत कमीने से कमीना आदमी भी न रख सकता हो !

सूरज. : यह सब आपका भ्रम है और जो कुछ आप कह गए हैं उसमें से एक बात भी सच नहीं है ।

लाल. : (आश्चर्य से) सो कैसे ? क्या सरला मारी नहीं गई ? और क्या उस समय आपके हरनंदन बाबू बाँदी रंडी के साथ खुशियाँ मनाते हुए · · · ।

सूरज. : (बात काट के) नहीं, नहीं, नहीं ! ये दोनों बातें झूठ हैं और आज यही साबित करने के लिए मैं आपके पास आया हूँ ।

लाल. : कहने के लिए तो मुझे भी लोगों ने यही कहा था कि सरला के मरने में शक है, मगर बिना किसी तरह का सबूत पाए ऐसी बातों का विश्वास कब हो सकता है !

सूरज. : ठीक है, मगर मैं बिना किसी तरह का सबूत पाए ऐसी बातों पर जोर देनेवाला आदमी भी तो नहीं हूँ ।

लाल. : तो क्या किसी तरह का सबूत इस समय आपके पास मौजूद भी है जिससे मुझे विश्वास हो जाए कि सरला मारी नहीं गई और हरनंदन ने जो कुछ किया वह उचित था ?

सूरज. : जी हाँ ।

इतना कहकर सूरजसिंह ने एक पुर्जा निकालकर लालसिंह के आगे रख दिया । लालसिंह ने उस पुर्जे को बड़े गौर से पढ़ा और ताज्जुब में आकर सूरजसिंह का मुँह देखने लगा ।

सूरज. : कहिए, इन हरूफों को आप पहचानते हैं ?

लाल. : बेशक ! बहुत अच्छी तरह पहचानता हूँ !

सूरज. : और इसे आप मेरी बातों का सबूत मान सकते हैं या नहीं ?

लाल. : मानना ही पड़ेगा, मगर सिर्फ एक बात का सबूत ।

सूरज. : दूसरी बात का सबूत भी आप इसी को मानेंगे मगर उसके बारे में मुझे कुछ जुबानी भी कहना होगा ।

लाल. : कहिए, कहिए, मैं आपकी बातों पर विश्वास करूँगा, क्योंकि आप प्रतिष्ठित पुरुष हैं और निःसंदेह आपको मेरी भलाई का खयाल है । इस समय यह पुर्जा दिखाकर आपने मेरे साथ वैसा ही सलूक किया जैसा समय की वर्षा का सूखी हुई खेती के साथ होता है ।

सूरज. : यह सुनकर आपको ताज्जुब होगा कि बाँदी के पास हरनंदन के बैठने का कारण यह पुर्जा है । इस तत्त्व को बिना जाने ही लोगों ने उसे बदनाम कर दिया । यों तो आपको भी उसके मिजाज का हाल मालूम ही है, मगर ताज्जुब है कि आप भी बिना सोचे-विचारे दुश्मनों की बातों पर विश्वास कर बैठे !

लाल. : बेशक ऐसा ही हुआ और लोगों ने मुझे धोखे में डाल दिया । तो क्या यह पुर्जा हरनंदन के हाथ लगा था ?

सूरज. : जी हाँ, जिस समय महफिल में नाचने के लिए बाँदी तैयार हो रही थी, उसी समय उसके कपड़े में से गिरे हुए इस पुर्जे को हरनंदन के नौकर ने उठा लिया था । वह नौकर हिंदी अच्छी तरह पढ़ सकता है अस्तु, उसने जब यह पुर्जा पढ़ा तो ताज्जुब में आ गया । यह पुर्जा तो उसने फौरन लाकर अपने मालिक को दे दिया और उसी समय महफिल का रंग बदरंग हो गया जैसा कि आप सुन चुके हैं । अब आप ही बताइए कि इस पुर्जे को पढ़के हरनंदन को सब के पहिले क्या करना उचित था ?

लाल. : (कुछ सोचकर) ठीक है, उस समय बाँदी के पास जाना ही हरनंदन को उचित था क्योंकि वह नीति-कुशल लड़का है, इस बात को मैं खूब जानता हूँ ।

सूरज. : केवल उसी दिन नहीं बल्कि जब तक हमारा मतलब न निकले

तब तक हरनंदन को बाँदी से मेल रखना ही चाहिए ।

लाल. : ठीक है, मगर यह काम तो हरनंदन के अतिरिक्त कोई और आदमी भी कर सकता है ।

सूरज. : बेशक कर सकता है, मगर वही जिसे उतनी ही फिक्र हो जितनी हरनंदन को । इसके अतिरिक्त बाँदी को जो आशा हरनंदन से हो सकती है वह किसी दूसरे से कैसे हो सकती है ?

इस बात का जवाब तो लालसिंह ने कुछ न दिया मगर सूरजसिंह का पंजा, उम्मीद-भरी खुशी और मुहब्बत से पकड़ के बोला, "मेरे मेहरबान सूरजसिंह जी ! आज आपका आना मेरे लिए बड़ा ही मुबारक हुआ । यदि आप आकर इन सब भेदों को न खोलते तो न मालूम मेरी क्या अवस्था होती और मेरे नालायक भतीजे किस तरह मेरी हड्डियाँ चबाते । उड़ती हुई खबरों और भतीजों की रंगीन बातों ने तो मुझे एकदम से उल्लू बना दिया और बेचारे हरनंदन की तरफ से बड़े-बड़े शक मेरे दिल में बैठा दिए मगर आज आपकी मेहरबानी ने उन स्याह धब्बों को मिटाकर मेरा दिल हरनंदन की तरफ से साफ कर दिया । आज हरनंदन और बाँदी को हाथ में हाथ दिए सरे बाजार टहलता हुआ भी अगर कोई मुझे दिखा दे तो भी मेरे दिल में उसकी तरफ से कोई शक न बैठेगा, हाँ, बेचारी सरला का पता लगना-न-लगना यह आपकी मेहरबानी और मेरे भाग्य के आधीन है ।"

सूरज. : बेचारी सरला का पता लगेगा और जरूर लगेगा । हरनंदन ने खुद मुझे अपने बाप के सामने कहा है कि बाँदी ने सरला को दिखा देने का वादा किया है और इस बात का भी निश्चय दिला दिया है कि सरला पारसनाथ के कब्जे में है ।

लाल. : (चौंककर) पारसनाथ के कब्जे में !!

सूरज. : जी हाँ । इस बात का निश्चय कर लेने के बाद हरनंदन नहीं चाहता था कि बाँदी के घर में कभी पैर रखे, मगर उसके बाप कल्याणसिंह ने उसे बहुत समझाया और बाँदी के साथ चालबाजी करने का रास्ता बताया तथा उस काम में मैंने भी उसे ताकीद की, तब लाचार होकर उसने बाँदी के यहाँ आना-जाना शुरू किया और ऐसा करने के बाद उसे बहुत-सी

बातों का पता लगा ।

लाल. : (कुछ सोचकर) बेशक ऐसा ही होगा, क्योंकि इस काम में पारसनाथ ही मुझसे ज्यादे बातें किया भी करता है ।

सूरज. : अगर आप मुनासिब समझें तो वे बातें भी कह सुनावें जो पारसनाथ ने इस विषय में आपसे कही हैं, क्योंकि मैं उन बातों से हरनंदन को होशियार करूँगा और तब वह अपना काम और भी जल्दी तथा खूबसूरती के साथ निकाल सकेगा ।

लाल. : बेशक मैं उसकी बातें आपको सुनाऊँगा और आपसे राय करूँगा कि अब मुझे क्या करना चाहिए ।

इतना कहकर लालसिंह ने पारसनाथ की बिलकुल बातें जो ऊपर के बयानों में लिखी जा चुकी हैं सूरजसिंह से बयान कीं और इसके बाद पूछा कि 'अब मुझे क्या करना चाहिए ?'

सूरज. : इस बात को तो आप भी समझते होंगे कि रंडियाँ कैसी चालबाज और शैतान होती हैं तथा बड़े-बड़े घरों को थोड़े ही दिनों में बर्बाद कर देने की शक्ति उनमें कितनी ज्यादे होती है, क्योंकि आप अपनी नौजवानी का कुछ हिस्सा इन लोगों की सोहबत में गँवाकर हर तरह से होशियार हो चुके हैं ।

लाल. : जी हाँ, मैं इन कम्बख्तों की करतूतों से खूब वाकिफ हूँ । ऐसे ही कोई सरस्वती के कृपा-पात्र होते हैं जो इनके फंदे से अपने को बचा ले पाते हैं नहीं तो केवल लक्ष्मी के कृपा-पात्रों को तो वे लोग लक्ष्मी का वाहन ही बनाकर दम लेती हैं । तिसमें भी उन रंडियों से तो ईश्वर ही बचावे तो कोई बच सकता है जिनके यहाँ नायिकाओं[1] की प्रधानता बनी हुई हो ।

सूरज. : बस तो इसी से आप समझ लीजिए कि बाँदी के यहाँ जब पारसनाथ और हरनंदन दोनों जाते हैं तो बाँदी इस बात को जरूर चाहेगी कि जहाँ तक हो सके दोनों ही से रुपए वसूल करे, मगर उसे ज्यादे पक्ष उसी

---

1. रंडियों की बुढ़िया माँ-नानी इत्यादि 'नायिका' कहलाती है ।

का रहेगा जिससे ज्यादे आमदनी की सूरत देखेगी ।

लाल. : बेशक !

सूरज. : अस्तु, जब तक वह पारसनाथ के रुपए वसूल करने का मौका देखेगी तब तक उसको अपना दुश्मन बनाने में भी जहाँ तक होगा टालमटोल करती ही रहेगी, इसलिए सब के पहिले काम वही करना उचित है जिसमें पारसनाथ रुपए के बारे में बार-बार बाँदी से झूठा बनता रहे ...

लाल. : (बात काटकर) ठीक है, ठीक है, मैं आपका मतलब समझ गया, वास्तव में ऐसा होना ही चाहिए । हाँ, मुझे एक और भी बहुत ही जरूरी बात पर आपसे सलाह करनी है ।

सूरज. : मुझे भी अभी आपसे बहुत-सी बातें करनी हैं ।

इसके बाद सूरजसिंह और लालसिंह में घंटे-भर तक बातचीत होती रही जिसके अंत में दोनों आदमी एक साथ उठ खड़े हुए । लालसिंह ने अपने दर्बारी कपड़े खूँटी पर से उतारकर पहिरे और हाथ में एक मोटा-सा डंडा लिया जिसके अंदर गुप्ती बँधी हुई थी, इसके बाद दोनों आदमी कमरे के बाहर निकलकर किसी तरफ को रवाना हो गए .

पारसनाथ अपने चाचा के हाल-चाल का खबर बराबर लिया करता था । उसने अपने ढंग पर कई ऐसे आदमी मुकर्रर कर रखे थे जो कि लालसिंह का रत्ती-रत्ती हाल उसके कानों तक पहुँचाया करते और जैसा कि प्रायः कुपात्रों के संगी-साथी किया करते हैं उसी तरह उन खबरों में बनिस्बत सच के झूठ का हिस्सा बहुत ज्यादे रहा करता था ।

रात को लालसिंह के पास सूरजसिंह के आने की इत्तिला भी पारसनाथ को हो गई, मगर उसमें दो बातों का फर्क पड़ गया । एक तो उसका जासूस इस बात का पता न बता सका कि आनेवाला कौन था क्योंकि सूरजसिंह अपने को छिपाए हुए लालसिंह तक पहुँचे थे और इस बात का गुमान भी किसी को नहीं हो सकता था कि सूरजसिंह लालसिंह के पास आवेंगे, दूसरे जब सूरजसिंह के साथ लालसिंह बाहर चले गए, तब पारसनाथ को इस

बात की खबर लगी।

शैतानी का जाल फैलानेवाला हरदम चौकन्ना ही रहा करता है, अस्तु, पारसनाथ का भी वही हाल था। खबर पाते ही वह लालसिंह की तरफ गया मगर कमरे के दर्वाजे पर पहुँचते ही उसने सुना कि 'लालसिंह किसी के साथ कहीं बाहर गए हैं।' थोड़ी देर तक उनके आने का इंतजार किया, जब वे न आए तो लौटकर अपने स्थान पर चला गया, मगर इस बात का प्रबंध करता गया कि जब लालसिंह लौटकर आवें तो उसे खबर मिल जाए।

तरह-तरह के सोच और विचारों ने उसकी आँखों में नींद को आने न दिया और वह तीन पहर रात जाने तक भी अपनी चारपाई पर करवटें बदलता रहा। इस बीच में लालसिंह के लौट आने की भी उसे इत्तिला न मिली, जिससे उसके दिल का खुटका भी और बढ़ता ही गया। आखिर तरद्दुदों और फिक्रों से हाथापाई करती हुई निद्रा ने उसकी आँखों में अपना दखल जमा लिया और वह तीन-चार घंटे-भर के लिए बेखबर सो गया। जब उसकी आँख खुली तो दिन कुछ ज्यादे चढ़ चुका था।

आँख खुलने के साथ ही वह घबड़ाकर उठ बैठा और धीरे-धीरे यह बुद्बुदाता हुआ अपनी कोठरी के बाहर निकला, "ओफ, बड़ी देर हो गई, चाचा साहब कभी के आ गए होंगे!" उसी समय उसके नौकर ने सामने पड़कर उसे इत्तिला दी, "सर्कार (लालसिंह) बरामदे में बैठे तंबाकू पी रहे हैं।"

जल्दी-जल्दी हाथ-मुँह धोकर वह लालसिंह की तरफ रवाना हुआ और जब उनके बरामदे में पहुँचा तो उन्हें कुर्सी पर बैठे तंबाकू पीते देखा। अदब के साथ झुककर सलाम करने के बाद एक किनारे खड़ा हो गया।

लालसिंह की कुर्सी के पास ही एक छोटी-सी चौकी बिछी हुई थी जिस पर इशारा पाकर पारसनाथ बैठ गया और यह बातचीत होने लगी–

लाल. : रात को तुम कहाँ चले गए थे? जब हमने तुमको बुलाया तब तुम घर में न थे।[1]

---

1. यह बात लालसिंह ने बिलकुल झूठ कही।

पारस. : (ताज्जुब से) मैं तो रात को घर में ही था ! किस समय आपने याद किया था ?

लाल. : उस समय मैं अपने तरद्दुदों में डूबा हुआ था इसलिए ठीक-ठीक नहीं कह सकता कि कितनी रात गई होगी।

पारस. : ठीक है, तो बहुत रात न गई होगी, क्योंकि जब मैं लौटकर घर आया था तब पहर-भर से ज्यादे रात न गई थी।

लाल. : शायद ऐसा ही हो।

पारस. : मैं रात को आपके पास आया भी था मगर सुना कि आप किसी अनजान आदमी के साथ बाहर गए हैं।

लाल. : उस समय तुम क्यों आए थे ?

पारस. : दो-एक नई खबरें जो कल मुझे मिली थीं वही आपको सुनाने के लिए आया था। मैंने सोचा था कि अगर जागते हों तो इसी समय दिल का बोझ हलका कर लूँ।

लाल. : वह कौन-सी खबर थी ?

पारस. : उस खबर का असल मतलब यही था कि आज रात हरनंदन को रंडी के यहाँ बैठे आपको दिखा सकूँगा।

लाल. : (कुछ सोचकर) बात तो ठीक है, मगर मैं सोचता हूँ कि हरनंदन को रंडी के यहाँ देखने से मेरा मतलब ही क्या निकलेगा ?

पारस. : (कुछ उदास होकर) भला मेरे कहने का आपको विश्वास तो हो जाएगा ! और मैंने जो आपकी आज्ञा से बहुत कोशिश करके और कई आदमियों को बहुत कुछ देने का वादा करके इस काम का बंदोबस्त किया है वह···।

लाल. : (लापरवाही के ढंग पर) खैर देने-लेने की कोई बात नहीं है, उन लोगों को जिनसे तुमने वादा किया है, जो कुछ कहोगे यदि उचित होगा तो दे दिया जाएगा, और जब हम लोग उनसे काम ही न लेंगे या हरनंदन को रंडी के घर देखने ही न जाएँगे, तो उन्हें कुछ देने की भी जरूरत ही क्या है ?

पारस. : आपको अख्तियार है उसे देखने जाएँ या न जाएँ, मगर वे लोग तो अपना काम कर ही चुके हैं, और जब उन्हें कुछ देना पड़ेगा ही तो

ज़रा-सी तकलीफ करने में हर्ज ही क्या है ? और कुछ नहीं तो मुझे आपके आगे सच्चे बनने का… ।

लाल. : (बात काटकर) केवल हरनंदन को रंडी के यहाँ दिखाकर तुम सच्चे नहीं बन सकते । तुमने हमें सरला के जीते रहने का विश्वास दिलाया है ।

पारस. : ठीक है, मगर मैंने साथ ही इसके यह भी तो कहा था कि सरला अगर मारी गई तो, या जीती है तो, मगर उसके साथ बुराई करनेवाला हरनंदन ही है । मैं सरला को भी खोज निकालने का बंदोबस्त कर रहा हूँ मगर उसके पहिले हरनंदन की बदचलनी दिखाकर कुछ तो अपने बोझ से हलका हो जाऊँगा ।

लाल. : हाँ, सो हो सकता है, मगर मेरा कहना यह है कि जब तक सरला का ठीक पता न लग जाए तब तक मैं हरनंदन की बदचलनी देखकर भी क्या जस लगा लूँगा ? बिना सबूत के किसी तरह का शक भी तो उस पर नहीं कर सकता ! क्योंकि उसका एक दोस्त ऐसा आदमी है जिसकी महाराज के यहाँ बड़ी इज्जत है, उसका खयाल भी तो करना चाहिए । हाँ, अगर सरला का पता लगता हो तो जो कुछ कहो देने या खर्च करने के लिए मैं तैयार हूँ ।

पारस. : सरला का पता भी शीघ्र ही लगा चाहता है । अभी कल ही उन लोगों ने मुझे सरला के जीते रहने का विश्वास दिलाया है जिन लोगों ने आज हरनंदन को रंडी के यहाँ दिखा देने का प्रबंध किया है । यदि उनका पहिला उद्योग व्यर्थ कर दिया जाएगा तो आगे किसी काम में उनका जी न लगेगा और न फिर वे मेरे काम का कोई उद्योग ही करेंगे, बल्कि ताज्जुब नहीं कि मेरी बेइज्जती करने पर उतारू हो जाएँ ।

लाल. : ठीक है, रुपया ऐसी ही चीज है । रुपए के वास्ते लोग सभी कुछ कर गुजरते हैं, भले-बुरे पर ध्यान नहीं देते । लेकिन जिस तरह वे लोग रुपए के लिए तुम्हारी बेइज्जती कर सकते हैं उसी तरह तुम भी तो अपना रुपया बचाने के लिए बेइज्जती सह सकते हो । मेरे इस कहने का मतलब यह नहीं है कि मैं रुपए खर्च करने से भागता हूँ या रुपए को सरला

से बढ़ के प्यार करता हूँ, मगर हाँ, व्यर्थ रुपए खर्च करना भी बुरा समझता हूँ। यों तो तुम जो कुछ कहोगे उन लोगों के लिए दूँगा, मगर घड़ी-घड़ी मेरे दिल में यही बात पैदा होती है कि रंडी के यहाँ हरनंदन को देख लेने से ही मेरा क्या मतलब निकलेगा ? मान लिया जाए कि उसकी बदचलनी का सबूत मिल जाएगा, तो मैं बिना कष्ट उठाए और बिना रुपए बर्बाद किए ही अगर यह मान लूँ कि हरनंदन बदचलन है तो इसमें नुकसान ही क्या है ? बल्कि फायदा ही है । इसके अतिरिक्त मैं एक बात और भी सोचता हूँ, वह यह कि यदि मैंने रंडी के मकान पर जाकर हरनंदन को देख लिया और उसने मुझे अपने सामने देखकर किसी तरह की परवाह न की या दो-एक शब्द बेअदबी के बोल बैठा तो मुझे कितना रंज होगा ?

अपने चाचा लालसिंह की दोरंगी और चलती-फिरती बातें सुनकर पारसनाथ कुछ नाउम्मीद और उदास हो गया । उसके दिल में तरह-तरह के खुटके पैदा होने लगे । लालसिंह की बातों से उसके दिली भेद का कुछ पता नहीं चला था और न रुपए मिलने की ही पूरी-पूरी उम्मीद हो सकती थी, अस्तु, आज बाँदी को क्या देंगे, इस विचार ने उसे और भी दुखी किया तथापि बलवती आशा ने उसका पीछा न छोड़ा और वह जल्दी के साथ कुछ विचारकर बोला, ''आप तो हरनंदन को बड़ा नेक और सुजन समझते हैं, तो क्या उससे ऐसी बेअदबी होने की भी आशा करते हैं ?''

लाल. : जब तुम हमारे विचार को रद करके कहते हो कि वह नालायक और ऐयाश है तथा इस बात का सबूत देने के लिए भी तैयार हो तो अगर मैं तुम्हें सच्चा मानूँगा तो जरूर दिल में यह बात पैदा होगी ही कि अगर वह मेरे साथ बेअदबी का बर्ताब करे तो ताज्जुब नहीं ।

पारस. : (कुछ लाजवाब होकर) खैर आप बड़े हैं, आपसे बहस करना उचित नहीं समझता, जो कुछ आप आज्ञा देंगे मैं वही करूँगा ।

लाल. : अच्छा इस समय तुम जाओ, मैं स्नान-पूजा तथा भोजन इत्यादि से छुट्टी पाकर इस विषय पर विचार करूँगा, फिर जो कुछ निश्चय होगा तुम्हें बुलवाकर कहूँगा ।

उदास मुख पारसनाथ अपने चाचा के पास से उठकर चला गया और

उसक राब तथा बातों की उलझन में पड़कर यह भी पूछ न सका कि आप रात को किसके साथ कहाँ गए थे ।

अब हम अपने पाठकों को एक ऐसी कोठड़ी में ले चलते हैं जिसे इस समय कैदखाने के नाम से पुकारना बहुत उचित होगा, मगर यह नहीं कह सकते कि यह कोठड़ी कहाँ पर और किसके आधीन है तथा इसके दर्वाजे पर पहरा देनेवाले कौन व्यक्ति हैं ।

वह कोठड़ी लंबाई में पंद्रह हाथ और चौड़ाई में दस हाथ से ज्यादे न होगी । बेचारी सरला को हम इस समय इसी कोठड़ी में हथकड़ी-बेड़ी से मजबूर देखते हैं । एक तरफ कोने में जलते हुए चिराग की रोशनी दिखा रही है कि अभी तक उस बेचारी के बदन पर वे ही साधारण कपड़े मौजूद हैं जो ब्याहवाले दिन उसके बदन पर थे या जिन कपड़ों के सहित वह अपने प्यारे रिश्तेदारों से जुदा की गई थी । हाँ, उसके बदन में जो कुछ जेवर उस समय मौजूद थे उनमें से आज एक भी दिखाई नहीं देते । यद्यपि इस वार्दात को गुजरे अभी बहुत दिन नहीं हुए मगर देखनेवालों की आँखों में इस समय वह वर्षों की बीमार होती है । शरीर सूख गया है और अंधेरी कोठड़ी में बंद रहने के कारण रंग पीला पड़ गया है । उसके तमाम बदन का खून पानी होकर बड़ी-बड़ी आँखों की राह बाहर निकल गया और निकल रहा है । उसके खूबसूरत चेहरे पर इस समय डर के साथ-ही-साथ उदासी और नाउम्मीदी भी छाई हुई है और वह न मालूम किस खयाल या किस दर्द की तकलीफ से अधमुई होकर जमीन पर लेटी है । यद्यपि वह वास्तव में खूबसूरत, नाजुक और भोली-भाली लड़की है, मगर इस समय या इस दुर्दशा की अवस्था में उसकी खूबसूरती का बयान करना बिलकुल अनुचित-सा जान पड़ता है, इसलिए इस विषय को छोड़कर हम असल मतलब की बातें बयान करते हैं ।

सरला के हाथों में हथकड़ी और पैरों में बेड़ी पड़ी हुई है और वह केवल एक मामूली चटाई के ऊपर लेटी हुई आँचल से मुँह छिपाए सिसक-

सिसककर रो रही है । हम नहीं कह सकते कि उसके दिल में कैसे-कैसे खयालात पैदा होते और मिटते हैं और वह किन विचारों में डूबी हुई है । यकायक वह कुछ सोचकर उठ बैठी और इधर-उधर देखती हुई धीरे-से बोली, "तो क्या जान दे देने के लिए भी कोई तरकीब नहीं निकल सकती ?"

इसी समय उस कोठड़ी का दर्वाजा खुला और कई नकाबपोश एक नए कैदी को उस कोठड़ी के अंदर डालकर बाहर हो गए । कोठड़ी का दर्वाजा पुनः उसी तरह से बंद हो गया ।

जब वह कैदी सरला के पास पहुँचा तो सरला उसे देखकर चौंकी और इस तरह उसकी तरफ झपटी जिससे मालूम होता था कि यदि सरला हथकड़ी से जकड़ी हुई न होती तो उस कैदी से लिपटकर खूब रोती, मगर मजबूरी थी इसलिए 'हाय भैया !' कहकर उसके पैरों पर गिर पड़ने के सिवाय और कुछ न कर सकी । यह कैदी सरला का चचेरा भाई पारसनाथ था । उसने सरला के पास बैठकर आँसू बहाना शुरू किया और सरला तो ऐसा रोई कि उसकी हिचकी बँध गई । आखिर पारस ने उसे समझा-बुझाकर शांत किया और तब उन दोनों में यों बातचीत होने लगी—

सरला : भैया ! क्या तुम लोगों को मुझ पर कुछ भी दया न आई ? और मेरे पिता भी मुझे एकदम भूल गए जो आज तक इस बात की खोज तक न की कि सरला कहाँ और किस अवस्था में पड़ी हुई है ?

पारस. : मेरी प्यारी बहिन सरला ! क्या कभी ऐसा हो सकता था कि हम लोगों को तेरा पता लगे और हम लोग चुपचाप बैठे रहें ? मगर क्या किया जाए, लाचारी से हम लोग कुछ कर न सके ! जब से तू गायब हुई है तभी से मैं तेरी खोज में लगा था, मगर जब मुझे तेरा पता लगा तब मैं भी तेरी तरह उन्हीं दुष्टों का कैदी बन गया जिन्होंने रुपए की लालच में पड़कर तुझे इस दशा को पहुँचाया ।

सरला : मैं तो अभी तक यही समझे हुई थी कि तुम्हीं ने मुझे इस दशा को पहुँचाया, क्योंकि न तुम मुझे बुलाकर चोर-दर्वाजे के पास ले जाते और न मैं इन दुष्टों के पंजे में फँसती ।

पारस. : राम राम राम, यह बिलकुल तेरा भ्रम है ! मगर इसमें तेरा कुछ कसूर नहीं । जब आदमी पर मुसीबत आती है तब वह घबड़ा जाता है, यहाँ तक कि उसे अपने-पराए की मुहब्बत का भी कुछ खयाल नहीं रहता, और वह दुनिया-भर को अपना दुश्मन समझने लगता है । अगर तूने मेरे बारे में कुछ शक किया तो यह कोई ताज्जुब की बात नहीं है ।

सरला : मगर नहीं, अब मुझे तुम पर किसी तरह का शक न रहा, लेकिन तुम यह बताओ कि आखिर हुआ क्या ?

पारस. : वास्तव में मैं चाचा जी की आज्ञानुसार तुझे बाहर की तरफ ले चला था, मगर मुझे इस बात की क्या खबर थी कि दर्वाजे ही पर दस-बारह दुष्ट मिल जाएँगे ।

सरला : तब क्या मेरे पिता ही ने ऐसा किया और उन्होंने ही इन दुष्टों को दर्वाजे पर मुस्तैद करके मुझे उस रास्ते से बुलवाया था ?

पारस. : हरे हरे हरे ! वे बेचारे तो तेरे बिना मुर्दे से भी बदतर हो रहे हैं । जब से तू गायब हुई है तब से उनका ऐसा बुरा हाल हो गया है कि मैं कुछ बयान नहीं कर सकता ।

सरला : तब यह सब बखेड़ा हुआ ही कैसे ?

पारस. : जब वे लोग तुझे जबर्दस्ती उठाकर घर से बाहर निकले तो मैंने उनका पीछा किया मगर दर्वाजे के बाहर निकलते ही उनमें से एक आदमी ने घूमकर मुझे ऐसा लट्ठ मारा कि चक्कर खाकर जमीन पर गिर पड़ा और दो घंटे तक मुझे तनोबदन की सुध न रही । आखिर जब मैं होश में आया, तो धीरे-धीरे चलकर चाचा जी के पास पहुँचा और उनसे सब हाल कहा । बस उसी समय चारों तरफ रोना-पीटना मच गया, पचासों आदमी इधर-उधर तुम्हें खोजने के लिए दौड़ गए, तरह-तरह की कार्रवाइयाँ होने लगीं । मगर सब व्यर्थ हुआ, न तो तुम्हारा ही पता लगा और न उन दुष्टों ही की कुछ टोह लगी । यह खबर तुम्हारे ससुरालवालों को भी पहुँची और वहाँ भी खूब रोना-पीटना मच गया । मगर हरनंदन पर इस घटना का कुछ भी असर न पड़ा और वह महफिल में से उठकर बाँदी रंडी के डेरे पर चला गया जो उसके यहाँ नाचने के लिए गई थी । सब लोगों

ने उसे इस नादानी पर शर्मिंदा करना चाहा तो उसने लोगों को ऐसा उत्तर दिया कि सब कोई अपने कान पर हाथ रखने लगे और उसका बाप भी उससे बहुत रंज हो गया।

सरला : (हरनंदन की खबर सुन दुख और लज्जा से सिर नीचे करके) खैर, यह बताओ कि आखिर मेरा पता तुम्हें कैसे लगा ?

पारस. : मैं सबकुछ कहता हूँ तुम सनो तो सही। हाँ तो जब हरनंदन की बात तुम्हारे पिता को मालूम हुईं तो उन्हें बड़ा ही क्रोध चढ़ आया। उन्होंने मुझे बुलाकर सब हाल कहा और यह भी कहा कि 'मुझे यह सब कार्रवाई उसी हरनंदन की मालूम पड़ती है, अस्तु, तुम पता लगाओ कि इसका असल भेद क्या है ? इस मामले में जो कुछ खर्च होगा मैं तुम्हें दूँगा।' बस उसी समय से मैंने अपनी जान हथेली पर रख ली और तुम्हें खोजने के लिए घर से बाहर निकल पड़ा। इस कार्रवाई में क्या-क्या तकलीफें उठानी पड़ीं और मैंने कैसे-कैसे काम किए इसका कहना व्यर्थ है। असल यह कि मुझे शीघ्र इस बात का पता लग गया कि यह सब जाल हरिहरसिंह के फैलाए हुए हैं, जिसके साथ तुम्हारी वह मौसेरी बहिन 'कल्याणी' ब्याही गई थी जो आज इस दुनिया में तुम्हारा दुख देखने के लिए न रहकर बैकुंठधाम चली गई।

सरला. : मैंने हरिहरसिंह का क्या बिगाड़ा था, जो उसने मेरे साथ ऐसा सलूक किया ? मेरे पिता ने भी तो उसके साथ किसी तरह की बुराई नहीं की थी ?

पारस. : ठीक है, मगर मैं इसका सबब भी तुमसे बयान करता हूँ, तुम सुनती चलो। तुम्हारे पिता ने जो वसीयतनामा लिखा है उसका हाल तो तुम्हें मालूम ही होगा ?

सरला. : हाँ मैं अपनी माँ की जबानी उसका हाल सुन चुकी हूँ।

पारस. : बस वही वसीयतनामा तुम्हारी जान का काल हो गया, और उसी रुपए की लालच में पड़कर हरिहर ने ऐसा किया।

सरला बहुत ही नेक, बुद्धिमान तथा पढ़ी-लिखी लड़की थी। यद्यपि उसकी अवस्था कम थी मगर उसकी पतिव्रता और बुद्धिमान माता ने उसके दिल में नेकी और बुद्धिमानी की जड़ कायम कर दी थी और वह इसीलिए

ऊँची-नीची बातों को बहुत नहीं तो थोड़ा-बहुत अवश्य समझ सकती थी, मगर इतना होने पर भी वह न मालूम क्या सोचकर पूछ बैठी, "क्या ऐसा करने से हरिहर को मेरे बाप की दौलत मिल जाएगी ?" इसके जवाब में पारसनाथ ने कहा–

पारस. : हाँ, मिल जाएगी, अगर उसकी शादी तुम्हारे साथ हो जाएगी तो !

सरला : मगर उस हालत में तो उसमें से आधी दौलत तुम लोगों को भी मिलने की आशा हो सकती है।

पारस. : (कुछ झेंपकर) हाँ, तुम्हारे पिता की लिखावट का मतलब तो यही है मगर हम लोग ऐसी दौलत पर लानत भेजते हैं जिसमें तुम्हारा और चाचा जी का दिल दुखे, हाँ, इतना जरूर कहेंगे कि जान से ज्यादे दौलत की कदर न करनी चाहिए और इस समय तुम्हारे हाथ में कम-से-कम चार आदमियों की जान तो जरूर है, अगर अपनी जान नहीं तो अपने प्यारे रिश्तेदारों की जान का जरूर ही खयाल करना चाहिए।

सरला : (कुछ चौंककर) मेरी समझ में न आया कि तुम्हारे इस कहने का मतलब क्या है ?

पारस. : बस यही कि अगर तुम हरिहरसिंह के साथ ब्याह करना स्वीकार कर लोगी तो इस समय तुम्हारी, तुम्हारे पिता की, तुम्हारी माता की, और साथ ही इसके मेरी भी जान बच जाएगी और रुपया-पैसा तो हाथ-पैर का मैल है तथा यह बात भी मशहूर है कि लक्ष्मी किसी के पास स्थिर भार से नहीं रहती, इधर-उधर डोला ही करती है।

सरला : क्या हम लोगों में किसी और का दूसरा ब्याह भी होता है ! मैं तो दिल से समझे हुए हूँ कि मेरी शादी हो चुकी ! हाँ, इसमें कोई संदेह नहीं कि मैं अपनी जान समर्पन करके तुम लोगों की जान बचा सकती हूँ, मगर उस ढंग से नहीं जिस ढंग से तुम कहते हो, क्योंकि मेरे पिता के जीते-जी न तो वह वसीयतनामा ही कोई चीज है और न किसी को उनकी दौलत ही मिल सकती है। नतीजा यही होगा कि जिस लालची को मैं धर्म त्याग करके स्वीकार कर लूँगी, वह मेरे बाप की दौलत शीघ्र पाने की आशा से मेरे पिता को अवश्य

मार डालेगा और ताज्जुब नहीं कि अब भी उनके मारने का उद्योग कर रहा हो। हाँ, एक दूसरी तरकीब से उन लोगों की जान अवश्य बच जाएगी जो मैं अच्छी तरह सोच चुकी हूँ...।

पारस. : (बात काटकर) न मालूम तुम कैसी-कैसी अनहोनी बातें सोच रही हो जिनका न सिर है न पैर!

सरला : जो कुछ मैंने सोचा है वह बहुत ठीक है। मेरे साथ चाहे कितनी ही बुराई की जाए या मेरी बोटी-बोटी भी काट डाली जाए मगर मैं अपनी दूसरी शादी तो कदापि न करूँगी! तुम मुझे यह नहीं समझा सकते कि यह दूसरी शादी नहीं है और न तुम्हारा समझाना मैं मान सकती हूँ मगर हाँ, किसी के साथ शादी न करके भी अपने पिता की जान दो तरह से बचा सकती हूँ और इसमें किसी तरह की कठिनाई भी नहीं है।

पारस. : खैर और बातों पर तो पीछे बहस करूँगा पहिले यह पूछता हूँ कि वे दोनों ढंग कौन-से हैं जिनसे तुम हम लोगों की जान बचा सकती हो?

सरला : उनमें से एक ढंग तो मैं बता नहीं सकती मगर दूसरा ढंग साफ-साफ है कि मेरी जान निकल जाने ही से वे सब बखेड़ा तै हो जाएगा।

पारस. : यह सब सोचना तुम्हारी नादानी है! अगर तुम अपने हिंदू धर्म को जानती होतीं या कोई शास्त्र पढ़ी होतीं तो मेरी बातों पर विश्वास करतीं, यह न सोचतीं कि मेरी शादी हो चुकी, अब जो शादी होगी वह दूसरी शादी कहलावेगी, और जान देने में किसी तरह का...।

सरला : (बात काटकर) अगर मैं कोई शास्त्र नहीं भी पढ़ी तो भी शास्त्र के असल मर्म को अपनी माता की कृपा से अच्छी तरह समझती हूँ। उसने मुझे एक ऐसा लटका बता दिया है जिससे पूरे धर्मशास्त्र का भेद मुझे मालूम हो गया है। उसने मुझसे कहा था कि 'बेटी, जो बात चित्त को बुरी मालूम हो या जिस बात के ध्यान से दिल में ज़रा भी खुटका पैदा हो, अथवा जिस बात से लज्जा का कुछ भी संबंध हो अर्थात जिसके कहने से लज्जित होना पड़े, उसके विषय में समझ रक्खो कि शास्त्र में कहीं-न-कहीं उसकी मनाही जरूर लिखी होगी।' अस्तु, मेरे स्वार्थी भाई, इस विषय में तुम मुझे कुछ भी

नहीं समझा सकते, क्योंकि मैं माता की इस बात को आज्ञा बल्कि उसकी सब बातों को 'वेद-वाक्य' के बराबर समझती हूँ।

पारस. : (कुछ लज्जित होकर) अब तुम्हारी इन लड़कपन की-सी बातों का मैं कहाँ तक जवाब दूँ? और जब तुम मुझी को स्वार्थी कहकर पुकारती हो तो अब तुम्हें किसी तरह का उपदेश करना भी व्यर्थ ही है।

सरला : निःसंदेह ऐसा ही है, अब इस विषय में तुम मुझे कुछ भी समझाने-बुझाने का उद्योग न करो। जो कुछ समझना था मैं समझ चुकी और जो कुछ निश्चय करना था उसे मैं निश्चय कर चुकी।

पारस. : (लज्जा और निराशा के साथ) खैर अब मुझे तुम्हारे हृदय की कठोरता का हाल मालूम हो गया और निश्चय हो गया कि तुम्हें किसी के साथ मुहब्बत नहीं है और न किसी की जान जाने की ही परवाह है।

सरला : ठीक है, अगर तुम उस ढंग और कहने पर नहीं समझे तो इस दूसरे ढंग से जरूर समझ जाओगे कि जब मुझे अपनी ही जान प्यारी नहीं है तो दूसरे की जान का खयाल कब हो सकता है?

पारस. : अच्छा तब मैं अपनी जान से भी हाथ धो लेता हूँ और कह देता हूँ कि इस विषय में अब एक शब्द भी मुँह से न निकालूँगा।

सरला : केवल इसी विषय में नहीं बल्कि मेरे किसी विषय में भी अब तुम्हें बोलना न चाहिए क्योंकि मैं तुम्हारी बातें सुनना नहीं चाहती।

इतना कहकर सरला पारसनाथ से कुछ दूर जा बैठी और चुप हो गई। पारसनाथ की आँखों में क्रोध की लाली दिखाई देने लगी मगर सरला को कुछ कहने या समझाने की उसकी हिम्मत न पड़ी। थोड़ी देर के बाद पुनः उस कोठड़ी का दर्वाजा खुला और एक नकाबपोश ने कोठड़ी के अंदर आकर इन दोनों कैदियों से पूछा, "क्या तुम लोगों को किसी चीज की जरूरत है?"

इसके जवाब में सरला ने तो कहा, "हाँ, मुझे मौत की जरूरत है।" और पारसनाथ ने कहा, "मैं पायखाने जाया चाहता हूँ।"

वह आदमी पारसनाथ को लेकर कोठड़ी के बाहर निकल गया और कोठड़ी का दर्वाजा पुनः पहिले की तरह बंद हो गया।

इस समय हम बाँदी को उसके मकान में छत के ऊपरवाली उसी कोठड़ी में अकेली बैठी हुई देखते हैं जिसमें दो दफे पहिले भी उसे पारसनाथ और हरनंदन के साथ देख चुके हैं। हम यह नहीं कह सकते कि उसके बाद पारसनाथ और हरनंदन बाबू का आना इस मकान में दो दफे हुआ या चार दफे, हाँ, इसमें कोई शक नहीं कि उसके बाद भी उन लोगों का आना यहाँ जरूर हुआ, मगर हम उसी जिक्र को लिखेंगे जिसमें कोई खास बात होगी।

बाँदी अपने सामने पानदान रक्खे हुए धीरे-धीरे पान लगा रही है और कुछ सोचती भी जाती है। दो ही चार बीड़े पान के उसने खाए होंगे कि लौंडी ने खबर दी कि 'पारसनाथ आए हैं, बड़ी बीबी उन्हें बरामदे में रोककर बातें कर रही हैं।' इतना सुनते ही बाँदी ने लौंडी को तो चले जाने का इशारा किया और खुद पानदान को किनारे कर एक बारीक चादर से मुँह लपेट सो रही।

जब पारसनाथ उस कोठड़ी में आया तो उसने बाँदी को ऊपर लिखी हालत में पाया। वह चुपचाप उसके पास बैठ गया और धीरे-धीरे उसकी पीठ पर हाथ फेरने लगा।

बाँदी : (लेटे-ही-लेटे) कौन है ?

पारस. : तुम्हारा एक ताबेदार !

बाँदी : (उठकर) वाह वाह, मैं तो तुम्हारा ही इंतजार कर रही थी।

पारस. : पहिले यह तो बताओ कि आज तुम्हारा चेहरा इतना सुस्त और उदास क्यों है ?

बाँदी : कुछ नहीं, यों ही बेवक्त सो रहने से ऐसा हुआ होगा।

पारस. : नहीं-नहीं, तुम मुझे धोखा देती हो, सच बताओ क्या बात है ?

बाँदी : कह तो चुकी और क्या बताऊँ ? तुम तो खाहमखाह की हुज्जत निकालते हो और यों ही शक करते हो।

पारस. : बस-बस, रहने भी दो, मुझसे बहाना न करो, जहाँ कुछ है वह मैं तुम्हारी अम्मा से सुन चुका हूँ।

बाँदी : (कुछ भौवें सिकोड़कर) जब सुन ही चुके हो तो फिर मुझसे क्या पूछते हो ?

पारस. : उन्होंने इतना खुलासा नहीं कहा जितना मैं तुम्हारी जुबान से सुना चाहता हूँ।

बाँदी : (ठट्ठा उड़ाने के तौर पर हँसकर) जी हाँ ! क्या बात है आपकी चालाकी की, अब दुनिया में एक आप ही तो समझदार और सच्चे रह गए हैं !!

पारस. : (चौंककर) यह 'सच्चे' के क्या मानी ? आज 'सच्चे के उल्टे' खिताब पर तुमने ताना क्यों मारा ? क्या मैं झूठा हूँ या क्या मैं तुमसे झूठ बोलकर तुम्हें धोखे में डाला करता हूँ ?

बाँदी : तो तुम इतना चमके क्यों ? तुम्हें सच्चा कहा तो क्या बुरा किया ? अगर मुझे ऐसा ही मालूम होता तो दावे के साथ तुम्हें 'झूठा' कहती।

पारस. : फिर वही बात ! वही ढंग !!

बाँदी : खैर इन सब बातों को जाने दो, इन पर पीछे बहस करना, पहिले यह बताओ कि कल तुम आए क्यों नहीं ? तुम तो हरनंदन बाबू को दिखा देने के लिए अपने चाचा को साथ लेकर आने का वादा न कर गए थे ! तुम्हारी जबान पर भरोसा करके न मालूम किन-किन तर्कीबों से मैंने आधी रात तक हरनंदन बाबू को रोक रक्खा था। आखिर वही 'टाँय टाँय फिस !' मैं पहिले ही कह चुकी थी कि अब हरनंदन बाबू को तुम्हारे चाचा का कुछ भी डर नहीं रहा और इस बारे में तुम्हारे चाचा को मुँह-तोड़ जवाब मिल चुका है। अब वह बड़े भारी बेवकूफ होंगे जो हरनंदन बाबू को देखने के लिए यहाँ आवेंगे।

पारस. : (तरद्दुद की सूरत बनाकर) बात तो कुछ ऐसी ही मालूम पड़ती है, मगर इतना मैं फिर भी कहूँगा कि कल के पहिले इस किस्म की कोई बात न थी, पर कल मुझे भी रंग बुरे ही नजर आए जिसका सबब अभी तक मालूम नहीं हुआ, पर मैं बिना पता लगाए छोड़नेवाला भी नहीं।

बाँदी : (मुस्कराकर) अजी जाओ भी, तुम्हें बगात की कुछ खबर तो हुई नहीं, कहते हैं कि 'कल से कुछ बुरे रंग नजर आते हैं।' हाँ यह कहते तो कुछ अच्छा भी मालूम पड़ता कि 'मेरे होशियार कर देने पर कल कुछ पता लगा है।'

पारस. : नहीं-नहीं, ऐसा नहीं। मैं तुम्हारे सर की कसम खाकर कहता

हूँ कि कल जो कुछ मैंने देखा वह निःसंदेह एक अनूठी और ताज्जुब की बात थी। सुनोगी तो तुम भी ताज्जुब करोगी। मगर मैं यह नहीं कहता कि जो कुछ तुमने कहा था उसकी कुछ भी असलियत नहीं है, शायद वैसा भी हुआ है।

बाँदी : बस, लाजवाब हुए तो मेरे सर की कसम खाने लगे! इनके हिसाब मेरा सर मुफ्त का आया है! खैर पहिले मैं सुन तो लूँ कि कल तुमने क्या देखा?

पारस. : (चेहरा उदास बना के) तुम्हें मेरी बातों का विश्वास ही नहीं होता। क्या तुम समझती हो कि मैं यों ही तुम्हारे सर की कसम खाया करता हूँ और तुम्हारे सर को कद्दू समझता हूँ?

बाँदी : (मुस्कराकर) खैर तुम पहले कलवाली बात तो कहो।

पारस. : क्या कहूँ, तुम तो दिल दुखा देती हो।

बाँदी : अच्छा-अच्छा, मैं समझ गई कि तुम्हारे दिल में गहरी चोट लगी और बेशक लगी होगी, चाहे मेरी बातों से या और किसी की बातों से!

पारस. : फिर उसी ढंग पर तुम चलीं! और जब ऐसा ही है तो फिर मेरी बातों का तुम्हें विश्वास ही क्यों होने लगा? (लंबी साँस लेकर) हाय, क्या जमाना आ गया है! जिसके लिए हम मरें, वही इस तरफ चुटकियाँ ले!!

बाँदी : जी हाँ, मरते तो सैकड़ों को देखती हूँ मगर मुर्दा निकलते किसी का भी दिखाई नहीं देता!

इतना कहकर बाँदी बात उड़ाने के लिए खिलखिला कर हँस पड़ी और पारसनाथ के गाल पर हल्की चपत लगा के मुस्कराती हुई पुनः बोली, "ज़रा-सी दिल्लगी में रो देने का ढंग अच्छा सीख लिया है, इतना भी नहीं समझते कि मैं कौन-सी बात ठीक कहती हूँ और कौन-सी दिल्लगी के तौर पर! अच्छा बताओ कल क्या हुआ और तुम आए क्यों नहीं? मुझे तुम्हारे न आने का बड़ा रंज रहा।"

पारस. : (खुश होकर और बाँदी के गले में हाथ डालकर) बेशक रंज हुआ होगा और मुझे भी इस बात का बहुत खयाल था, मग़र लाचारी है कि वहाँ एक आदमी ने पहुँचकर चाचा साहब के मिजाज का रंग ही बदल दिया

और अब वह दूसरे ढंग से बातें करने लगे।

बाँदी : (गले में से हाथ हटाकर) तो कुछ कहो भी तो सही !

पारस. : परसों रात को एक आदमी चाचा साहब के पास आया और उन्हें अपने साथ कहीं ले भी गया, तथा जब से वे लौटकर घर आए हैं तभी से उनके मिजाज का रंग कुछ बदला हुआ दिखाई देता है।

बाँदी : वह आदमी कौन था ?

पारस. : अफसोस ! अगर उस आदमी का पता ही लग जाता तो इतनी कबाहत क्यों होती ! मैं उसका ठीक इलाज कर लेता।

बाँदी : तो क्या किसी ने उसे देखा न था ?

पारस. : देखा तो सही; मगर वह ऐसे ढंग पर स्याह कपड़ा ओढ़कर आया था कि कोई उसे पहिचान न सका। सुबह को जब मैं चाचा साहब के पास गया, तो उनसे कहा कि आज हरनंदन को बाँदी के यहाँ दिखा देने का पूरा-पूरा बंदोबस्त हो गया है मगर उन्होंने इस बात पर विशेष ध्यान न दिया और बोले कि 'हरनंदन को रंडी के यहाँ देखने से फायदा ही क्या होगा जब तक कि इस बात का पूरा-पूरा सबूत न मिल जाए कि सरला को तकलीफ पहुँचाने का सबब वही हरनंदन है।' इसके बाद मुझसे और उनसे देर तक बातें होती रहीं, मैंने बहुत तरह से समझाया मगर उनके दिल में एक न बैठी !

बाँदी : ठीक है मगर फिर भी मैं वही बात कहूँगी कि तुम्हारे चाचा का खयाल कल से नहीं बदला बल्कि कई दिन पहिले ही से बदल गया है। जबकि हरनंदन के बाप ने टका-सा सूखा जवाब दे दिया और हरनंदन खुल्लमखुल्ला रंडियों के यहाँ आने-जाने लगा, तब वे हरनंदन का कर ही क्या सकते हैं और ताज्जुब नहीं कि उन्हें हरनंदन की इस नई चालचलन का पता लग भी गया हो ! ऐसी हालत में तुम्हारा सूम चाचा रुपया क्यों खर्च करने लगा ? अब तो जहाँ तक जल्द हो सके सरला की शादी किसी के साथ हो जानी चाहिए। हाँ, मैंने तो आज यह भी सुना है कि तुम्हारा चाचा दूसरा वसीयतनामा तैयार कर रहा है।

पारस. : (चौंककर) यह तुमसे किसने कहा ?

बाँदी : आज राजा साहब का एक मुसाहब अपने लड़के की शादी में नाचने के लिए 'बीड़ा' देने के वास्ते मेरे यहाँ आया था। वही इस बात का जिक्र करता था। उसका नाम तो मैं इस वक्त भूल गई, अम्मा को याद होगा।

पारस. : अगर ऐसा हुआ तो बड़ी मुश्किल होगी!

बाँदी : बेशक!

पारस. : भला यह भी कुछ मालूम हुआ कि दूसरे वसीयतनामे में उसने क्या लिखा है?

बाँदी : तुम भी अजब 'ऊद' हो! भला इस बात का जवाब मैं क्या दे सकती हूँ और मैं उस कहनेवाले से पूछ भी क्योंकर सकती थी?

पारस. : ठीक है, (कुछ सोचकर) अगर यह बात ठीक है तो मैं समझता हूँ कि अपने चाचा को जहन्नुम में पहुँचा देने के सिवाय मेरे लिए और कोई उचित कार्य नहीं है।

बाँदी : अब इन सब बातों को तुम ही समझो, मगर मैं यह पूछती हूँ कि अब तक तुमने सरला की शादी का इंतजाम क्यों नहीं किया? अगर वह हो जाती तो सब बखेरा ही तै था।

पारस. : ठीक है मगर जब तक सरला शादी करने पर दिल से राजी न हो जाए तब तक हमारा मतलब नहीं निकलता। मान लिया जाए कि अगर हमने उसकी शादी जबर्दस्ती किसी के साथ कर दी और प्रगट होने पर उसने इस बात का हल्ला मचा दिया कि मेरे साथ जबर्दस्ती की गई, तब मेरे लिए बहुत बुराई पैदा हो जाएगी और शादी हो जाने के बाद भी उसे छिपाए रहना उचित नहीं होगा। ताज्जुब नहीं कि बहुत दिनों तक सरला का पता न लगने के कारण मेरा चचा उसकी तरफ से नाउम्मीद होकर अपनी कुल जायदाद खैरात कर दे या कोई दूसरा वसीयतनामा ही लिख दे। हमारा काम तो तब बने कि सरला शादी के होने के बाद एक दफे किसी बड़े के सामने कह दे कि 'हाँ यह शादी मेरी इच्छानुसार हुई है।' इसके अतिरिक्त हमारी गुप्त कमेटी ने भी यही निश्चय किया है कि 'चचा साहब को किसी तरह खतम कर देना चाहिए जिसमें उन्हें दूसरा वसीयतनामा लिखने का मौका न मिले।' उन

लोगों ने जो कुछ चाल सोची थी वह तो अब पूरी होती नजर नहीं आती।

बाँदी : वह कौन-सी चाल ?

पारस. : वही कि मेरा चचा खुद हरनंदन से रंज होकर यह हुक्म दे देता कि सरला को खोजकर उसकी दूसरी शादी कर दी जाए। बस उस समय मुझे खैरखाह बनने का मौका मिल जाता। मैं झट सरला को प्रगट करके कह देता कि इसे हरनंदन के दोस्त डाकुओं के कब्जे में से निकाल लाया हूँ और जब उसकी शादी किसी दूसरे के साथ हो जाती तब इसके पहिले कि मेरा चचा दूसरा वसीयतनामा लिखे मैं उसे मारकर बखेड़ा मिटा देता। ऐसी अवस्था में मुझे उनके लिखे वसीयतनामे के अनुसार आधी दौलत अवश्य मिल जाती । इसके अतिरिक्त और भी बहुत-सी बातें हैं जिन्हें तुम नहीं समझ सकतीं। (कुछ गौर करके) मगर अब जो हम लोग गौर करते हैं तो हम लोगों की पिछली कार्रवाई बिलकुल जहन्नुम में मिल गई-सी जान पड़ती है क्योंकि मेरे चचा हरनंदन के खिलाफ कोई कार्यवाही करते दिखाई नहीं देते। आज हरिहरसिंह ने भी यही बात कही थी, 'खाली तुम्हारे चचा के मारे जाने से कोई फायदा नहीं हो सकता। फायदा तभी होगा जब चाचा भी मारा जाए और सरला भी अपनी खुशी से शादी कर ले।' मगर बड़े अफसोस की बात है कि मैं सरला को भी किसी तरह समझा न सका। मैं स्वयं कैदी बनकर उसके पास गया और बहुत तरह से समझाया-बुझाया मगर उसने एक न मानी, उल्टे मुझी को बेवकूफ बना के छोड़ दिया।

बाँदी : (ताज्जुब से) हाँ ! तुम सरला के पास गए थे ! अच्छा तो वहाँ क्या हुआ, मुझसे खुलासा कहो ?

पारस ने अपना सरला के पास जाने और वहाँ से छुच्छु बनकर बैरंग लौट आने का हाल बाँदी से बयान किया और तब बाँदी ने मुस्कराकर कहा, "अगर मैं सरला को दूसरे के साथ शादी करने पर राजी कर दूँ और वह इस बात को खुशी से मंजूर कर ले तो मुझे क्या इनाम मिलेगा ?"

इतना सुनकर पारस ने उसके गले में हाथ डाल दिया और प्यार की निगाहों से देखता हुआ खुशामद के ढंग पर बोला, "तुम मुझसे पूछती हो कि मुझे क्या इनाम मिलेगा ? तुम्हें शर्म नहीं आती ! हालाँकि तुम इस बात को

बखूबी जानती हो कि यह सब कार्रवाही तुम्हारे ही लिए की जा रही है और इस काम में जो कुछ मिलेगा उसका मालिक सिवा तुम्हारे दूसरा कोई नहीं हो सकता, तुम जो कुछ हाथ उठाकर मुझे दे दोगी वही मेरा होगा।"

बाँदी : यह सब ठीक है, मुझे तुमसे रुपए-पैसे की लालच कुछ भी नहीं है, मैं तो सिर्फ तुम्हारी मोहब्बत चाहती हूँ, मगर क्या करूँ, अम्मा के मिजाज से लाचार हूँ। आज बात-ही-बात में तुम्हारा जिक्र आ गया था, तब अम्मा बोलीं, "मैं तो दो ही तीन दिन की मेहनत में सरला को राजी कर लूँ! मैं ही नहीं बल्कि मेरी तर्कीबं से तू भी वह काम कर सकती है, मगर मुझे फायदा ही क्या जो इतना सिर-खप्पन करूँ!" मैंने बहुत कुछ कहा कि अम्मा वह तर्कीब मुझे बता दो, मैं उनका काम कर दूँ तो मुझे भी फायदा होगा, मगर उन्होंने एक न मानी, बोलीं कि 'फलाने-फलाने ढंग से मेरी दिलजमई कर दी जाए तो मैं सबकुछ कर सकती हूँ। जो किसी के किए न हो सके वह हम लोग कर सकती हैं।' उन्हीं की बात मुझे इस समय याद आ गई, तब मैं तुमसे कह बैठी कि अगर मैं ऐसा करूँ तो मुझे क्या इनाम मिलेगा, नहीं तो मैं भला तुमसे क्या मागूँगी! खैर इन बातों को जाने दो, अम्मा तो पागल हो गई हैं, तुम जो कुछ कर रहे हो करो उनकी बातों पर ध्यान न दो।

पारस. : नहीं-नहीं, तुम्हें ऐसा न कहना चाहिए, आखिर जो कुछ तुम्हारी अम्मा के पास है या रहेगा वह सब तुम्हारा ही तो है, और अगर मैं इस समय उनकी इच्छानुसार कुछ करूँगा, तो उसमें तुम्हारा ही तो फायदा है। मेरे दिल का हाल तो तुम जानतीं ही हो कि मैं तुम्हारे मुकाबले में किसी चीज की भी हकीकत नहीं समझता! खैर पहिले यह बताओ कि वे चाहती क्या थीं?

बाँदी : अजी जाने भी दो, उनकी बातों में कहाँ तक पड़ोगे? वह तो कहेंगी कि अपना घर उठाकर दे दो, तो कोई क्या अपना घर उठाकर दे देगा?

पारस. : और कोई चाहे न दे मगर मैं तो अपना घर तुम्हारे ऊपर न्योछावर किए बैठा हूँ, अस्तु, मैं सबकुछ कर सकता हूँ। तुम कहो भी तो सही, मतलब तो अपना काम होने से है।

बाँदी : (सिर झुकाती हुई नखरे के साथ) मैं क्या कहूँ, मुझसे तो कहा नहीं जाता !

पारस. : फिर वही नादानी की बात ! तुम तो अजब बेवकूफ औरत हो ! कहो-कहो, तुम्हें मेरे सर की कसम, कहो तो सही वे क्या माँगती थीं ?

बाँदी : कहती थीं कि 'इस समय तो सरला के कुल गहने मुझे दे दो जो ब्याहवाले दिन उस वक्त उसके बदन पर थे जब तुम लोगों ने उसे घर से बाहर निकाला था और जब तुम्हारा काम हो जाए अर्थात सरला प्रसन्नता से दूसरे के साथ शादी कर ले बल्कि सभों से खुल्लमखुल्ला कह दे कि हाँ यह शादी मैंने अपनी खुशी से की है, तब दस हजार रुपया नकद मुझे मिले ।' मगर वे चाहती हैं कि रुपए की बाबत आप एक पुर्जा पहिले ही लिखकर उन्हें दे दें । बस यही तो बात है जो अम्मा कहती थीं ।

पारस. : तो इसमें हर्ज ही क्या है ? आखिर वह रुपया जो मुझे मिलेगा तुम्हारा ही तो है । फिर आज अगर दस हजार देने का पुर्जा मैं लिख ही दूँगा तो क्या हर्ज है ? मगर हाँ एक बात ज़रा मुश्किल है !

बाँदी : वह क्या ?

पारस. : गहने जो सरला के बदन पर थे उनमें से आधे के लगभग तो हम लोगों ने बेच डाले हैं ।

बाँदी : तो हर्ज ही क्या है, जो कुछ हो उन्हें दे दो, मैं उन्हें कह-सुनकर ठीक कर लूँगी, आखिर कुछ भी मेरी बात मानेंगी या नहीं ? ऐसी ही जिद्द करने पर उतारू होंगी तो मैं उनका साथ ही छोड़ दूँगी । वाह, जिसे मैं प्यार करती हूँ उसी को वह मनमाना सतावेंगी ! यह मुझसे बर्दाश्त न हो सकेगा ! अच्छा तो बुलाऊँ निगोड़ी अम्मा को ?

पारस. : हाँ-हाँ बुलाओ, पुर्जा तो मैं इसी समय लिख देता हूँ और बचे हुए गहने कल इसी समय लेकर हाजिर हो जाऊँगा । मगर तुम उन्हें निगोड़ी क्यों कहती हो ? वह बड़ी हैं, उन्हें ऐसा न कहना चाहिए !

बाँदी : (तनककर) उफ ! जबकि वह मेरी तबीयत के खिलाफ करके मेरा दिल जलाती हैं तो मैं उन्हें कहने से कब बाज आती हूँ !

इतना कहकर बाँदी चली गई और थोड़ी ही देर में अपनी अम्मा को

साथ लेकर चली आई। उस समय उसकी निगोड़ी अम्मा के हाथ में कलम-दवात और कागज भी मौजूद था। "बड़े-बड़े मरातबे हों, अल्लाह सलामत रक्खे!" इत्यादि कहती हुई वह पारसनाथ के पास बैठकर धीरे-धीरे बातें करने लगी और थोड़ी ही देर में उल्लू बनाकर उसने पारसनाथ से अपनी इच्छानुसार पुर्जा लिखवा लिया। मामूली सिरनामे के बाद उस पुर्जे का मजमून यह था—

"बाँदी की अम्माजान 'रसूलबाँदी' से मैं एकरार करता हूँ कि उसकी कोशिश से अगर 'सरला' (जो इस समय हमारे कब्जे में है) मेरी इच्छानुसार हरनंदन के अतिरिक्त किसी दूसरे के साथ प्रसन्नतापूर्वक विवाह कर लेगी तो मैं 'रसूलबाँदी' को दस हजार रुपए नगद दूँगा।"

पुर्जा लिखवाकर बुढ़िया विदा हुई और बाँदी पारसनाथ को अपने नखरे का आनंद दिखाने लगी। मगर पारसनाथ के लिए यह खुशकिस्मती का समय घंटे-भर से ज्यादे देर तक के लिए न था क्योंकि इसी बीच में लौंडी ने हरनंदन बाबू के आने की इत्तला दी जिसे सुनकर पारसनाथ ने बाँदी से कहा, "लो, तुम्हारे हरनंदन बाबू आ गए, अब मुझे विदा करो।"

बाँदी : मेरे काहे को होंगे, जिसके होंगे उसके होंगे। मैं तो तुम्हारे काम का खयाल करके उन्हें अपने यहाँ आने देती हूँ, नहीं तो मुझे गरज ही क्या पड़ी है?

पारस. : उनकी गरज तो कुछ नहीं मगर रुपए की गरज तो है?

बाँदी : जी नहीं, मुझे रुपए की भी लालच नहीं, मैं तो मुहब्बत की भूखी हूँ, सो तुम्हारे सिवाय और किसी में देखती नहीं।

पारस. : तो अब हरनंदन से मेरा क्या काम निकलेगा?

बाँदी : वाह-वाह! क्या खूब? इसी अक्ल पर सरला की शादी दूसरे के साथ करा रहे हो?

पारस. : सो क्या?

बाँदी : आखिर दूसरी शादी करने के लिए सरला को क्योंकर राजी किया जाएगा? और तर्कीबों के साथ एक तर्कीब यह भी होगी कि हरनंदन के हाथ की लिखी हुई चिट्ठी सरला को दिखाई जाएगी जिसमें सरला से घृणा और

उसकी निंदा होगी।

पारस. : (बात काटकर) ठीक है, ठीक है, अब मैं समझ गया! शाबाश! बहुत अच्छा सोचा! सरला हरनंदन के अक्षर पहिचानती भी है। (उठता हुआ) अच्छा तो मेरे जाने का रास्ता ठीक कराओ, वह कम्बख्त मुझे देखने न पावे।

बाँदी : बस तुम सीढ़ी के बगलवाले पायखाने में घुसकर खड़े हो जाओ जब वे ऊपर आ जाएँ तब तुम नीचे उतर जाना और गली के रास्ते बाहर हो जाना क्योंकि सदर दर्वाजे पर उनके आदमी होंगे।

पारस. : (मुस्कराते हुए) बहुत खूब! रंडियों के यहाँ आने का एक नतीजा यह भी है कि कभी-कभी पायखाने का आनंद भी लेना पड़ता है!

इसके बाद जवाब में बाँदी ने मुस्कराकर एक चपत (थप्पड़) से पारसनाथ की खातिर की और मटकती हुई नीचे चली गई। जब तक हरनंदन बाबू को लेकर वह ऊपर न आई तब तक पायखाने का विमल अथवा समल आनंद पारसनाथ को भोगना पड़ा।

बाँदी की अम्मा पारसनाथ से मनमाना पुर्जा लिखवाकर नीचे उतर गई और अपने कमरे में न जाकर एक दूसरी कोठरी में चली गई जिसमें सुलतानी नाम की एक लौंडी का डेरा था।

यह सुलतानी लौंडी पुरानी नहीं है बल्कि बाँदी के लिए बिलकुल ही नई है। आज चार ही पाँच दिन से इसने बाँदी के यहाँ अपना डेरा जमाया है। इसकी उम्र चालीस वर्ष से कम न होगी। बातचीत में तेज, चालाक और बड़ी ही धूर्त है। दूसरे को अपने ऊपर मेहरबान बना लेना तो इसके बाएँ हाथ का करतब है। यद्यपि उम्र के लेहाज से लोग इसे बुढ़िया कह सकते हैं, मगर यह अपने को बुढ़िया नहीं समझती। इसका चेहरा सुडौल और रंग अच्छा होने के सबब से बुढ़ापे का दखल जैसा होना चाहिए था न हुआ था और अब भी यह खूबसूरतों के बीच में बैठकर अपनी लच्छेदार बातों से सभों का दिल खुश कर लेने का दावा रखती है। इसने बाँदी के घर पहुँचकर उसकी अम्मा को खुश कर लिया और उसकी लौंडी या मुसाहब बनकर

रहने लगी। इसके बदन पर कुछ जेवर और एक हजार नगद रुपया भी था जो उसने बाँदी के पास यह कहकर अमानत में रख दिया था कि 'एक नजूमी (ज्योतिषी) के कहे मुताबिक मैं समझती हूँ कि मेरी उम्र बहुत कम है, अब मैं और चार-पाँच साल से ज्यादे इस दुनिया में नहीं रह सकती, साथ ही इसके मेरा न तो कोई मालिक है न वारिस, एक लड़की थी वह जाती रही, अस्तु, इस एक हजार रुपए को जो मेरे पास है, अपनी आकबत सुधारने का जरिया समझकर तुम्हारे पास अमानत रख देती हूँ और उम्मीद करती हूँ कि इससे मेरे मरने के बाद मेरी आकबत ठीक करके कब्र वगैरह बनवा दोगी।'

रुपएवाले की कदर सब जगह होती है, अस्तु, बाँदी की माँ ने भी खुशी-खुशी उसे रुपए सहित अपने घर में रख लिया और लौंडी के बदले में उसे अपना मुसाहब समझा। बस इस समय बाँदी की माँ ने जो कुछ पारसनाथ से लिखवाया वह इसी की सलाह का नतीजा था।

बाँदी की अम्मा को देखकर सुलतानी उठ खड़ी हुई और बोली, "कहिए, क्या रंग है!"

बाँदी की अम्मा : सब ठीक है, जो कुछ मैंने कहा उसने बेउज्र लिख दिया, देखो, यह उसके हाथ का पुर्जा है।

सुलतानी : (पुरजा पढ़कर) बस इतने ही से मतलब था, आइए बैठ जाइए। गहने के बारे में उसने क्या कहा?

बाँदी की अम्मा : (बैठकर) गहना आधा तो उसने बेच खाया, बाकी आधा कल ले आवेगा। जो कुछ करना है तुम्हीं को करना है क्योंकि तुम्हारे ही कहे मुताबिक और तुम्हारे ही भरोसे पर कार्यवाई की गई है।

सुलतानी : आप किसी तरह का तरद्दुद न करें, सरला को राजी कर लेना मेरे लिए कोई बात नहीं है, इस काम के लिए केवल हरनंदन बाबू के हाथ की एक चिट्ठी उसी मजमून की चाहिए जैसा कि मैं कह चुकी हूँ, बस और कुछ नहीं।

बाँदी की अम्मा : यकीन तो है कि हरनंदन बाबू भी सरला के बारे में चिट्ठी लिख देंगे। जब उन्हें सरला से कुछ मतलब ही नहीं रहा तो चिट्ठी लिख देने में उनको हर्ज क्या है?

सुलतानी : अगर वे लिखने में कुछ हील करें तो मुझे उनके सामने ले चलिएगा, फिर देखिएगा कि मैं किस तरह समझा लेती हूँ।

इसी तरह की बातें इन दोनों में देर तक होती रहीं जिसे विस्तार के साथ लिखने की कोई जरूरत नहीं, हाँ बाँदी और हरनंदन बाबू का तमाशा देखना जरूरी है।

हरनंदन बाबू की खातिरदारी का कहना ही क्या ? बाँदी ने इन्हें सोने की चिड़िया समझ रखा था और समय तथा आवश्यकता ने इन्हें भी दाता और भोला-भाला ऐंयाश बनने पर मजबूर किया था। दिल में जो कुछ धुन समाई थी उसे पूरा करने के लिए हर तरह की कार्रवाई करने का हौसला बाँध लिया था मगर बाँदी इन्हें आधा बेवकूफ समझती थी। बाँदी को विश्वास था कि हरनंदन का दिल हाथ में लेना उतना आसान नहीं है जितना पारसनाथ का—और इन्हीं सबबों से इनकी खातिरदारी ज्यादा होती थी।

हरनंदन बाबू बड़ी खातिर और इज्जत के साथ उसी ऊपरवाले बँगले में बैठाए गए। बरसनेवाले बादल के घिर आने से पैदा हुई उमस ने जो गर्मी बढ़ा रक्खी थी उसे दूर करने के लिए नाजुक पंखी ने बाँदी के कोमल हाथों का सहारा लिया और इस बहाने से समय के खुशनसीब हरनंदन बाबू का पसीना दूर किया जाने लगा। "आह, मेरा दिल इतना बर्दाश्त नहीं कर सकता !" यह कहकर हरनंदन बाबू ने बाँदी के हाथ से पंखी लेनी चाही मगर उसने नहीं दी और मुहब्बत के साथ झलती रही। दो ही चार दफे की 'हाँ-नहीं' के बाद इस नखरे का अंत हुआ और इसके बाद मीठी-मीठी बातें होने लगीं।

हरनंदन : मालूम होता है कि पारसनाथ आया था ?

बाँदी : (मुस्करांती हुई) जी हाँ।

हरनंदन : है या गया ?

बाँदी : (मुस्कराती हुई) गया ही होगा।

हरनंदन : इसके क्या मानी ! क्या तुम नहीं जानतीं कि वह है या गया ?

बाँदी : जी हाँ, मैं नहीं जानती, क्योंकि जब आपके आने की खबर हुई तब मैंने उसे पायखाने में छिपे रहने की सलाह दी क्योंकि उसे आपका

सामना करना मंजूर न था और मुझे भी उसके छिपने के लिए इससे अच्छी जगह दूसरी कोई न सूझी।

हरनंदन : ठीक है, रंडियों के घर आकर पायखाने में छिपना, उगालदान का उठाना, तलवे में गुदगुदाना अथवा नाक पर हँसी का बुलाना बहुत जरूरी समझा जाता है, बल्कि सच तो यों है कि ऐयाशी के सुनसान मैदान में ये ही दो-चार खुशनुमा दरख्त हरारत को दूर करनेवाले हैं।

बाँदी : (दिल में शरमाती मगर जाहिर में हँसती हुई) आप भी अजब आदमी हैं। मालूम होता है आपने खानगियों के बहुत-से किस्से सुने हैं मगर किसी खानदान रंडी की शराफत का अभी अंदाजा नहीं किया है!

हरनंदन : (हँसकर) ठीक है, या अगर अंदाजा किया है तो पारसनाथ ने!

बाँदी : (कुछ झेपकर) यह दूसरी बात है! 'जैसा मुँह वैसी थपेड़।' न मैं उसके लिए रंडी हूँ और न वह मेरे लिए लायक सर्दार। वह दिवालिया और कांगला सर्दार और मैं अम्मा के दबाव से जेरबार! हाँ अगर कोई आप ऐसा सर्दार मुझे मिला होता, तो मैं दिखाती कि खानदानी रंडी की वफादारी किसे कहते हैं! (अपना कान छूकर) शारदा की कसम, हम लोग उन खानगियों में नहीं हैं जिन्होंने हमारी कौम की बदनामी कर रखी है।

हरनंदन : (प्यार से बाँदी को अपनी तरफ खैंचकर) बेशक, बेशक! मुझे भी तुमसे ऐसी ही उम्मीद है और इसी खयाल से मैंने अपने को तुम्हारे हाथ बेच भी डाला है।

बाँदी : (हरनंदन के गले में हाथ डालकर) मैं तो तुम्हारे कहने से और तुम्हारे काम का खयाल करके उस मूँडी-काटे से दो-दो बातें भी कर लेती हूँ, नहीं तो मैं उसके नाम पर थूकना भी नहीं चाहती।

हरनंदन : (इस बहस को बढ़ाना उचित न जानकर और बाँदी को बगल में दबाकर) मारो कम्बख्त को, जाने भी दो, कहाँ का पचड़ा ले बैठी हो! अच्छा यह बताओ, वह कब से बैठा हुआ था?

बाँदी : कम्बख्त दो घंटे से मगज चाट रहा था।

हरनंदन : मेरा जिक्र तो आया ही होगा?

बाँदी : भला इसका भी कुछ पूछना है!

हरनंदन : क्या-क्या कहता था ?

बाँदी : बस वही सरलावाली बातें, मैंने तो उस कम्बख्त से कई दफे कहा कि अब हरनंदन बाबू सरला से शादी न करेंगे, मगर उसको विश्वास ही नहीं होता और विश्वास न होने का एक सबब भी है।

हरनंदन : वह क्या ?

बाँदी : तुमनें चाहे अपने दिल से सरला को भुला दिया है, मगर सरला ने तुम्हें अभी तक नहीं भुलाया।

हरनंदन : इसका क्या सबूत ?

बाँदी : इसका सबूत यही है कि वह (पारसनाथ) कैदी बनकर उस कैदखाने में गया था जिसमें सरला कैद है और सरला को कई तरह से समझा-बुझाकर दूसरे के साथ ब्याह करने के लिए राजी करना चाहा था, मगर उसने एक न मानी।

हरनंदन : (ताज्जुब के ढंग से) हाँ ! उसने तुमसे खुलासा कहा कि किस तरह से सरला के पास गया और क्या-क्या बातें हुईं ?

बाँदी : जी हाँ, उसने जो कुछ कहा है मैं आपको बताती हूँ।

इतना कहकर बाँदी ने वह हाल जिस तरह पारसनाथ से सुना था उसी तरह बयान किया जिसे सुनकर हरनंदन ने कहा, "अगर ऐसा है तो मुझे भी कोई तरकीब करनी चाहिए जिससे सरला के दिल से मेरा खयाल जाता रहे।"

बाँदी : इससे बढ़कर और कोई तर्कीब नहीं हो सकती कि तुम उसे कैद से छुड़ाकर उसके साथ ब्याह कर लो। मैं इस काम में हर तरह से तुम्हारी मदद करने के लिए तैयार हूँ बल्कि उसका पता भी करीब-करीब लगा चुकी हूँ। दो ही एक दिन में बता दूँगी कि वह कहाँ और किस हालत में है, साथ ही इसके मैं यह भी खुदा की कसम खाकर कहती हूँ कि मुझे इस बात का ज़रा भी रंज न होगा, बल्कि मुझे एक तरह पर खुशी होगी, क्योंकि मेरा दिल घड़ी-घड़ी यह कहता है कि सरला जब इस बात को जानेगी कि मेरा कैद से छूटना और अपने चहेते के साथ ब्याह होना बाँदी की बदौलत है, तो वह मुझे भी प्यार की निगाह से देखेगी और ऐसी हालत में हम दोनों की जिंदगी बड़ी

हँसी-खुशी के साथ बीतेगी।

हरनंदन : (बाँदी की पीठ पर हाथ ठोंक के) शाबाश ! क्यों न हो ! तुम्हारा यह सोचना तुम्हारी शराफत का नमूना है। मगर बाँदी ! मैं क्या करूँ, लाचार हूँ कि मेरे दिल से उसका खयाल बिलकुल जाता रहा और अब मैं उसके साथ शादी करना बिलकुल पसंद नहीं करता। मैं नहीं चाहता कि मेरी उस मुहब्बत में कोई भी दूसरा शरीक हो जो मैंने खास तुम्हारे लिए उठा रखी है।

बाँदी : मेरे खयाल से तो कोई हर्ज नहीं है।

हरनंदन : नहीं-नहीं, ऐसी बातें मत करो और अब कोई ऐसी तर्कीब करो जिससे उसके दिल से मेरा खयाल जाता रहे।

बाँदी : (दिल में खुश होकर) खैर तुम्हारी खुशी, मगर यह बात तो तभी हो सकती है जब वह तुम्हारी तरफ से बिलकुल नाउम्मीद हो जाए और उसकी शादी किसी दूसरे के साथ हो जाए।

हरनंदन : हाँ तो मैं भी तो यही चाहता हूँ, मगर साथ ही इसके इतना जरूर चाहता हूँ कि वह किसी नेक के पाले पड़े !

बाँदी : अगर मेहनत की जाए तो ऐसा भी हो सकता है, मगर यह काम किसी बड़े चालाक के किए ही हो सकता है जैसी कि इमामीजान।

हरनंदन : कौन इमामीजान ?

बाँदी : इमामीजान एक खबीस बुढ़िया है जो बड़ी चालाक और धूर्त है। कभी-कभी अम्मा के पास आया करती है। मैं तो उसे देख के ही जल जाती हूँ।

हरनंदन : खैर मेरे लिए तुम इतनी तकलीफ और करके इमामीजान को इस काम के लिए मुस्तैद करो, मगर यह बताओ कि इमामीजान को सरला के पास पहुँचने का मौका कैसे मिलेगा ?

बाँदी : इसका इंतजाम मैं कर लूँगी, किसी-न-किसी तरह आपका काम करना जरूरी है। मैं पारसनाथ को कई तरह से समझाकर कहूँगी कि अगर सरला तुम्हारी बात नहीं मानती तो मैं एक औरत का पता बताती हूँ, तुम उसे सरला के पास ले जाओ, बेशक वह सरला को समझाकर दूसरे के साथ

ब्याह करने पर राजी कर देगी। उम्मीद है कि पारसनाथ इस बात को मंजूर करके इमामी को सरला के पास ले जाएगा, बस···।

हरनंदन : बस-बस-बस, मैं समझ गया। यह तर्कीब बहुत ही अच्छी है और पारसनाथ इस बात को जरूर मान लेगा।

बाँदी : मगर फिर यह भी तो उसे बताना चाहिए कि वह किसके साथ ब्याह करने पर सरला को राजी करे।

हरनंदन : मैं सोचकर इसका जवाब दूँगा, क्योंकि इसका फैसला करना होगा कि वह आदमी भी सरला के साथ ब्याह करने से इनकार न करे जिसके साथ उसका संबंध होना मैं पसंद करूँ।

बाँदी : हाँ यह तो जरूर होना चाहिए, साथ ही इसके इसका बंदोबस्त भी बहुत जरूरी है कि सरला के दिल से तुम्हारा ध्यान जाता रहे और उसे तुम्हारी तरफ से किसी तरह की उम्मीद बाकी न रहे।

हरनंदन : यह तो कोई मुश्किल नहीं है, मैं एक चिट्ठी ऐसी लिख दूँगा जिसे देखते ही सरला का दिल मेरी तरफ से खट्टा हो जाएगा! और उसमें···

बाँदी : बस-बस, मैं आपका मतलब समझ गई, बेशक ऐसा करने से मामला ठीक हो जाएगा! (कुछ सोचकर) मगर कम्बख्त इमामी को लालच हद से ज्यादा है।

हरनंदन : कोई चिंता नहीं, जो कुछ कहोगी उसे दे दूँगा। और फिर उसे चाहे जो कुछ दिया जाए मगर इसमें कोई शक नहीं कि अगर यह काम मेरी इच्छानुसार हो जाएगा तो मैं तुम्हें दस हजार रुपए नकद दूँगा और अपने को तुम्हारे हाथ बिका हुआ समझूँगा।

बाँदी : (मुहब्बत से हरनंदन का हाथ पकड़ के) जहाँ तक होगा मैं तुम्हारे काम में कोशिश करूँगी। मुझे इस बात की लालच नहीं है कि तुम मुझे दस हजार रुपए दोगे। तुम मुझे चाहते हो, मेरे लिए यही बहुत है। जबकि मैं अपने को तुम्हारी मुहब्बत पर न्योछावर कर चुकी हूँ, तब भला मुझे इस बात की ख्वाहिश कब हो सकती है कि तुमसे रुपए वसूल करूँ? (लंबी साँसें लेकर) अफसोस कि तुम मुझे आज भी वैसा ही समझते हो जैसा पहिले दिन समझे थे!!

इतना कहकर बाँदी नखरे में दो-चार बूँद आँसू को बहाकर आँचल से आँख पोछने लगी। हरनंदन ने भी उसके गले में हाथ डालकर कसूर की माफी माँगी और एक अनूठे ढंग से उसे प्रसन्न करने का विचार किया। इसके बाद क्या हुआ सो कहने की कोई जरूरत नहीं। बस इतना ही कहना काफी है कि हरनंदन दो घंटे तक और बैठे तथा इसके बाद उन्होंने अपने घर का रास्ता लिया।

अब हम थोड़ा-सा हाल लालसिंह के घर का बयान करते हैं।

लालसिंह को घर से गायब हुए आज तीन या चार दिन हो चुके हैं। न तो वे किसी से कुछ कह गए हैं और न कुछ बता ही गए हैं कि किसके साथ कहाँ जाते हैं और कब लौटकर आवेंगे। अपने साथ कुछ सफर का सामान भी नहीं ले गए जिससे किसी तरह की दिलजमई होती और यह समझा जाता कि कहीं सफर में गए हैं, काम हो जाने पर लौट आवेंगे। वह तो रात के समय यकायक अपने पलँग से गायब हो गए और किसी तरह का शक भी न होने पाया। न तो पहरेवाला ही कुछ बताता है और न खिदमतगार ही किसी तरह का शक जाहिर करता है। सब-के-सब तरद्दुद और परेशानी में पड़े हैं तथा ताज्जुब के साथ एक-दूसरे का मुँह देखते हैं। इसी तरह पारसनाथ भी परेशान चारों तरफ घूमता है और अपने चाचा का पता लगाने की फिक्र कर रहा है। उसने भी लालसिंह की तलाश में कई आदमी भेजे हैं, मगर उसका यह उद्योग चचा की मुहब्बत के खयाल से नहीं है बल्कि इस खयाल से है कि कहीं यह कार्यवाही भी किसी चालाकी के खयाल से न की गई हो। वह कई दफे अपनी चाची के पास गया और हमदर्दी दिखाकर तरह-तरह के सवाल किए मगर उसकी जुबानी भी किसी तरह का पता न लगा बल्कि उसकी चाची ने उसे कई दफे कहा कि 'बेटा! तुम्हारे ऐसा लायक भतीजा भी अगर अपने चचा का पता न लगावेगा तो और किससे ऐसे कठिन काम की उम्मीद हो सकती है?

इस तरद्दुद और दौड़-धूप में चार दिन गुजर गए, मगर लालसिंह के बारे में किसी तरह का कुछ भी हाल न मालूम हुआ।

संध्या का समय है और लालसिंह के कमरे के आगेवाले दालान में पारसनाथ एक कुर्सी पर बैठा हुआ कुछ सोच रहा है। उसके दिल में तरह-तरह की बातें पैदा होती और मिटती हैं और एक तौर पर वह गंभीर चिंता में डूबा हुआ मालूम पड़ता है। इसी समय अकस्मात एक परदेसी आदमी ने उसके सामने पहुँचकर सलाम किया और हाथ में एक चिट्ठी देकर किनारे खड़ा हो गया। हाथ-पैर और सूरत-शक्ल देखने से मालूम होता था कि वह आदमी कहीं बहुत दूर से सफर करता हुआ आ रहा है।

पारसनाथ ने लिफाफे पर निगाह दौड़ाई जो उसी के नाम का लिखा हुआ था। अपने चचा के हाथ के अक्षर पहिचानकर वह चौंक पड़ा और व्याकुलता के साथ चिट्ठी खोलकर पढ़ने लगा। उसमें यह लिखा हुआ था—

"चिरंजीव पारसनाथ योग्य लिखी लालसिंह की आसीस।

"अपनी राजी-खुशी का हाल लिखना तो अब व्यर्थ ही है, हाँ, ईश्वर से तुम्हारा कुशल-क्षेम मनाते हैं। बेशक तुम लोग ताज्जुब और तरद्दुद में पड़े होवोगे और मेरे यकायक गायब हो जाने से तुम लोगों को रंज हुआ होगा मगर मैं क्या करूँ! अपनी दिली उलझनों से लाचार होकर मुझे ऐसा करना पड़ा। सरला के गायब होने और हरनंदन की ऐयाशी ने मेरे दिल पर गहरी चोट पहुँचाई। अब मैं गृहस्थ आश्रम में रहना और किसी को अपना मुँह दिखाना पसंद नहीं करता, इसलिए बिना किसी से कुछ कहे-सुने चुपचाप यहाँ चला आया और आज इस आदमी के सामने ही सिर मुड़ाकर संन्यास ले लिया है। अब मुझे न तो गृहस्थी से कुछ सरोकार रहा और न अपनी मिलकियत से कुछ वास्ता। जो कुछ वसीयतनामा मैं लिख चुका हूँ, आशा है कि तुम ईमानदारी के साथ उसी के मुताबिक कार्रवाई करोगे तथा मेरे रिश्तेदारों को धीरज व दिलासा देकर रोने-कलपने से बाज रक्खोगे। आज मैं इस स्थान को छोड़ अपने गुरु जी के साथ बदरिकाश्रम की तरफ जाता हूँ और उधर ही किसी जंगल में तपस्या करके शरीर त्याग दूँगा। अब हमारे लौटने की रत्ती-भर भी आशा न रखना और जिस तरह मुनासिब समझना घर का इंतजाम करना।

—लालसिंह।"

चिट्ठी पढ़कर पारसनाथ तबीयत में तो बहुत खुश हुआ मगर जाहिर में रोनी सूरत बनाकर अफसोस करने लगा और दस-बीस बूँद आँसू की गिराकर उस चिट्ठी लानेवाले से यों बोला—

पारस. : तुम्हारा नाम क्या है ?

आदमी : लोकनाथ !

पारस. : मकान कहाँ है ?

लोकनाथ : काशीजी ।

पारस. : हमारे चाचा साहब ने तुम्हारे सामने ही संन्यास लिया था ?

लोक. : जी हाँ, उस समय जो कुछ उनके पास था, दो सौ रुपए मुझे देकर बाकी सब दान कर दिया और यह चिट्ठी जो पहिले लिख रक्खी थी देकर कहा कि 'यह चिट्ठी मेरे भतीजे पारसनाथ के पास पहुँचा देना और जो दो सौ रुपए हमने तुम्हें दिए हैं उसे इसी की मजूरी समझना ।' दूसरे दिन जब वे दंड-कमंडल लिए हरिद्वार की तरफ गएं, तब मैं भी किराए के इक्के पर सवार होकर इस तरफ रवाना हुआ ।

पारस. : अफसोस ! न मालूम चाचा साहब को यह क्या सूझी ! उनका अगर पता मालूम हो तो मैं उनके पास जरूर जाऊँ और जिस तरह हो घर लिवा लाऊँ । अगर संन्यास ले लिया है तो क्या हुआ, अलग बैठे रहेंगे, हम लोगों को आज्ञा दिया करेंगे । उनके सामने रहने ही से हम लोगों को आसरा बना रहेगा ।

लोक. : एक तो अब उनका पता लगाना ही कठिन है, दूसरे वह ऐसे कच्चे संन्यासी नहीं हुए हैं जो किसी के समझाने-बुझाने से घर लौट आवेंगे । अब आप लोग उनका ध्यान छोड़ दें और घर-गृहस्थी के धंधे में लगें ।

पारस. : तो क्या अब हम लोग उनकी तरफ से बिलकुल निराश हो जाएँ ?

लोक. : निःसंदेह ! अच्छा अब मुझे बिदा कीजिए तो मैं अपने घर जाऊँ ।

पारस. : नहीं-नहीं, अभी तुम बिदा न कि जाओगे । अभी मैं हवेली में जाकर औरतों को यह संवाद सुनाऊँगा, कदाचित चाची साहिबा को तुमसे

कुछ पूछने की जरूरत पड़े। इसके बाद उनकी आज्ञानुसार कुछ देकर तुम्हारी विदाई की जाएगी, तब तुम अपने घर जाना।

लोक. : ठीक है, आप इसी समय महल जाकर अपनी चाची साहिबा से जो कुछ कहना-सुनना हो कह-सुन लें, यदि उन्हें कुछ पूछना हो तो मैं जवाब देने के लिए तैयार हूँ, परंतु किसी के रोकने से मैं यहाँ रुक नहीं सकता और न विदाई या भोजन के तौर पर कुछ ले ही सकता हूँ क्योंकि ऐसा करने के लिए लालसिंह ने कसम दिला दी है बल्कि यहाँ तक कसम देकर कह दिया है कि जब तक तुम वहाँ रहना तब तक अन्न-जल तक न छूना। इसलिए मैं कहता हूँ कि मुझे यहाँ से जल्द छुट्टी दिलाइए क्योंकि इस इलाके से बाहर हो जाने के बाद ही मैं अपने खाने-पीने का बंदोबस्त कर सकूँगा। मुझे इस काम की पूरी मजदूरी लालसिंह दे गए हैं, अस्तु, अब मैं उनकी कसम को टालकर अपना धर्म न बिगाड़ूँगा।

लोकनाथ की बातें सुनकर पारसनाथ को ताज्जुब मालूम हुआ, मगर वास्तव में ये सब बातें उसकी दिली खुशी को बढ़ाती जाती थीं। वह हाथ में चिट्ठी लिए वहाँ से उठा और सीधे अपनी चाची के पास चला गया। जो कुछ देखा-सुना था बयान करने के बाद उसने लालसिंह की चिट्ठी पढ़कर सुनाई। सबकुछ सुनकर जवाब में उसकी चाची ने कहा, "हाँ, वह तो होना ही था, वे पहिले से ही कहते थे कि अब हम संन्यास ले लेंगे। उन्होंने तो जो कुछ सोचा सो किया, मगर अब दुर्दशा हम लोगों की है!!"

इतना कहकर लालसिंह की स्त्री आँखों से आँसू गिराने लगी। पारसनाथ ने उसे बहुत-कुछ समझा-बुझाकर शांत किया और फिर लोकनाथ के बारे में पूछा कि वह जाने को तैयार है, जब तक यहाँ रहेगा पानी भी न पीएगा, उसे क्या कहा जाए?

लालसिंह की स्त्री ने जवाब दिया, "मुझे तुम्हारी बातों पर विश्वास है और यह चिट्ठी भी ठीक उनके हाथ की लिखी हुई मौजूद है, फिर मैं उस आदमी से क्या पूछूँगी और उसे किसलिए अटकाऊँगी? तुम जाओ और उसे विदा करके मेरे पास आओ।"

पारसनाथ खुशी-खुशी बाहर गया जहाँ उसने दो-चार बातें करके

लोकनाथ को विदा कर दिया । इसके बाद ख़ुशी-ख़ुशी एक चिट्ठी लिखकर अपने खास नौकर के हाथ किसी दोस्त के पास भेजकर पुनः महल के अंदर चला गया ।

आज हम फिर हरनंदन और उनके दोस्त रामसिंह को एक साथ हाथ में हाथ दिए उसी बाग के अंदर सैर करते देखते हैं जिसमें एक दफे पहिले देख चुके हैं । यों तो उन दोनों में बहुत देर से बातें हो रही हैं, मगर हमें इस समय की थोड़ी-सी बातों का लिखना जरूरी जान पड़ता है ।

राम. : ईश्वर न करे कोई इन कम्बख्त रंडियों के फेर में पड़े ! इनकी चालबाजियों को समझना बड़ा ही कठिन है । रास्ते में चलनेवाले बड़े-बड़े धूर्तों और चालाकों को मुँह के बल गिरते मैं अपनी आँखों से देख चुका हूँ ।

हरनंदन : ठीक है, मेरा भी यही कौल है, मगर मेरे बारे में तुम इस तरह बदगुमानियों को दिल में जगह न दो । कोई बुद्धिमान और पढ़ा-लिखा आदमी इन लोगों के हथकंडे में पड़कर बरबाद नहीं हो सकता, चाहे वह अपनी खुशदिली के सबब इन लोगों की सोहबत का शौकीन ही क्यों न हो !

राम. : कभी नहीं, मेरा दिल इस बात को नहीं मान सकता, यद्यपि यह हो सकता है कि तुम उसकी मुट्ठी में न आओ, क्योंकि सोहबत थोड़े दिन की और दूसरे ख्याल से है, तिस पर मैं डंडा लिए हरदम तुम्हारे सर पर मुस्तैद रहता हूँ, मगर जो आदमी अपना दिल खुश करने की नीयत से इनकी सोहबत में बैठेगा वह बिना नुकसान उठाए बेदाग नहीं बच सकता, चाहे वह कैसा ही चालाक क्यों न हो । और जिस पर रंडी आशिक हो गई, समझ लो कि वह तो जड़-मूल से नाश हो गया । जो रंडियों की बातों पर विश्वास करता है, उस पर ईश्वर भी विश्वास नहीं करता । क्या तुम्हें याद नहीं है कि पहिले-पहिल जब हम-तुम दोनों अपने दोस्त नारायण के जिद्द करने पर गौहर के मकान पर गए थे, तो दर्वाजे के अंदर घुसते समय पैर काँपते थे, मगर जब ऊपर जाकर उनके सामने दो घंटे बैठ चुके तब वह बात जाती रही और यह सोचने लगे कि यहाँ की किस बात को लोग बुरा कहते हैं ?

हरनंदन : ठीक है और इसमें भी कोई संदेह नहीं कि इस दुनिया में जितनी बातें ऐब की गिनी जाती हैं, उन सभों में निपुणता भी इन्हीं की कृपा का फल होता है : झूठ बोलना, बहाना करना, बात बनाना, बेईमानी या दगाबाजी करना, इत्यादि तो इनकी सोहबत का साधारण और मामूली पाठ है मगर साथ ही इसके पुराने विद्वानों का यह भी कौल है कि इनकी सोहबत के बिना आदमी चतुर नहीं हो सकता। यह बात मैं इस ख्याल से नहीं कहता कि इनकी सोहबत मुझे पसंद है बल्कि एक मामूली तौर पर कहता हूँ।

राम. : (मुस्कराकर) 'काजर की कोठरी में कैसहू सयानो जाय, काजर की रेख एक लागि है पै लागि है !' और कुछ नहीं तो इन दो ही दिनों की सोहबत का इतना असर तो तुम पर हो ही गया कि इनकी सोहबत कुछ आवश्यक समझने लगे।

हरनंदन : नहीं-नहीं, मेरे कहने का यह मतलब नहीं था, तुम तो खामखाह की बदगुमानी करते हो···।

राम. : अच्छा-अच्छा, दूसरा ही मतलब सही, मगर यह तो बताओ कि क्या जिमींदार लोग कम धूर्त और चालाक तथा फरेबी होते हैं ?

हरनंदन : (हँसकर) बहुत खासे ! अब आप दूसरे रास्ते पर चले, तो क्या आप जिमींदारों की पंक्ति से बाहर हैं ?

राम. : (हँसकर) खैर इन पचड़ों को जाने दो, ऐसी दिल्लगी तो हमारे-तुम्हारे बीच बहुत दिनों तक होती रहेगी, हाँ यह बताओ कि अब तुम बाँदी के यहाँ कब जाओगे ?

हरनंदन : आज तो नहीं मगर कल जरूर जाऊँगा, तब तक यकीन है कि सब काम ठीक हुआ रहेगा।

राम. : अब केवल दिन और समय ठीक करना ही बाकी है।

हरनंदन : उसका निश्चय तो तुम ही करोगे।

राम. : अगर बाँदी से सरला का पता लग गया होता तो ज्यादे तकलीफ करने की जरूरत न पड़ती और सहज ही में सब काम हो जाता

हरनंदन : मैंने बहुत चाहा था कि वह किसी तरह सरला का पता बता दे मगर कम्बख्त ने बताया नहीं और कहने लगी कि मुझे मालूम ही नहीं, मैंने

भी ज्यादे जोर देना उचित न जाना।

राम. : खैर कोई हर्ज नहीं, हमारा यह हाथ भी भरपूर बैठेगा, मगर इन सब बातों की खबर महाराज को अवश्य कर देनी चाहिए।

हरनंदन : तो चलिए शिवनंदन से मिलते हुए महाराज से भी मुलाकात कर आवें।

राम. : अच्छी बात है, अभी गाड़ी तैयार करने के लिए कहता हूँ।

इतना कहकर रामसिंह ने एक माली को आवाज दी और जब वह आ गया तब हुक्म दिया कि 'कोचवान को शीघ्र गाड़ी तैयार करने के लिए कहो।'

जब तक गाड़ी तैयार होती रही तब तक दोनों दोस्त बाग में टहलते और बातें करते रहे, जब मालूम हुआ कि गाड़ी तैयार है तब कमरे में आए और पोशाक बदलकर वहाँ से रवाना हुए। कहाँ गए और क्या किया इसके कहने की कोई जरूरत नहीं। हाँ इस जगह पर थोड़ा-सा हाल पारसनाथ का जरूर लिखेंगे जिसने इन दोनों को बाजार में गाड़ी पर सवार जाते देखा था और चाहा था कि किसी तरह इन दोनों का सत्यानाश हो जाए तो बेहतर है।

पारसनाथ बाजार को तय करता हुआ ऐसी जगह पहुँचा, जहाँ से बहुत तंग और गंदी गलियों का सिलसिला जारी होता था और इन गलियों में घूमता हुआ एक उजाड़ मुहल्ले में पहुँचा जहाँ दिन-दोपहर के समय भी आदमियों को जाते डर मालूम पड़ता था। यहाँ पर एक मजबूत मगर पुराना मकान था जिसके दर्वाजे पर पहुँचकर पारसनाथ ने कुंडी खटखटाई। थोड़ी देर बाद किसी ने भीतर से पूछा, "कौन है?" इसके जवाब में पारसनाथ ने कहा, "गूलर का फूल!"

दर्वाजा खुला और पारसनाथ उसके अंदर चला गया। इसके बाद मकान का दर्वाजा भी बंद हो गया। इस मकान की भीतरी कैफियत बयान करने की इस समय कोई जरूरत नहीं है क्योंकि हम मुख्तसर ही में उन बातों को बयान करना चाहते हैं जिन्हें असल फैक्ट कह सकते हैं।

एक लंबे-चौड़े दालान में पारसनाथ के कई दोस्त और मददगार बैठे आपुस में बातें और दम-दम-भर पर गाँजे का दम लगाकर मकान को

सुवासित कर रहे थे। इसी मंडली में हमारा पुराना परिचित हरिहरसिंह भी बैठा हुआ था।

पारसनाथ को देखकर सब उठ खड़े हुए और हरिहरसिंह ने बड़ी खातिर से पास बैठाकर बातचीत करना शुरू किया।

हरिहर. : कहो दोस्त, क्या रंग-ढंग है?

पारस. : बहुत अच्छा है। आनंद-ही-आनंद दिखता है। हमारे मामले का पुराना कोढ़ भी निकल गया और अब हम लोग इस तरह से बेफिक्र होकर अपना काम करने लायक हो गए।

हरिहर. : (चौंककर) कहो-कहो, जल्दी कहो क्या हुआ! वह कोढ़ कौन-सा था और कैसे निकल गया?

दूसरा. : हाँ यार, सुनाओ तो सही, यह तो तुम बड़ी खुशखबरी लाए!

पारस. : बेशक खुशखबरी की बात है, बल्कि यों कहना चाहिए कि हम लोगों के लिए इससे बढ़कर खुशखबरी हो ही नहीं सकती।

हरिहर. : भला कुछ कहो भी कि यों ही जीभ्ललचाया करोगे!

पारस. : सच यों है कि दम लगा लेंगे तभी कुछ कहेंगे।

दूसरा : (तैयार चिलम पारसनाथ की तरफ बढ़ाकर) लीजिए दम भी तैयार है, मलते-मलते मोम कर डाला है।

पारस. : (दम लगाकर) हम लोगों को अपने कम्बख्त चचा लालसिंह का बड़ा ही डर लगा हुआ था। यह सोचते थे कि कहीं ऐसा न हो कि कम्बख्त दूसरा ही वसीयतनामा लिखकर हमारी सब मेहनत की मिट्टी कर दे, ऐसी हालत में सरला की शादी दूसरे के साथ हो जाने पर भी इच्छानुसार लाभ न होता और इसी सबब से हम लोग उसे मार डालने का विचार भी कर रहे थे।

तीसरा : हाँ-हाँ, तो क्या हुआ, वह मर गया?

पारस. : मरा तो नहीं पर मरे के बराबर हो गया।

हरिहर. : सो कैसे? तुमने तो कहा था कि वह कहीं चला गया।

पारस. : हाँ ठीक है, ऐसा ही हुआ था, मगर आज उसके हाथ की लिखी हुई एक चिट्ठी मुझे मिली जिसे एक आदमी लेकर मेरे पास आया था।

हरिहर. : उसमें क्या लिखा था?

पारस. : (जेब से चिट्ठी निकालकर और हरिहरसिंह का दिखाकर) लो जो कुछ है पढ़ लो और हमारे इन दोस्तों को भी सुना दो।

हरिहर. : (चिट्ठी पढ़कर) बस-बस-बस, अब हमारा काम हो गया। जब उसने संन्यास ही ले लिया तब उसे अपनी जायदाद पर किसी तरह का अधिकार न रहा और न वह किसी तरह का वसीयतनामा ही लिख सकता है, ऐसी अवस्था में केवल सरला की शादी ही किसी दूसरे के साथ हो जाने से काम चल जाएगा और किसी को किसी तरह का उज्र न रहेगा। मगर एक बात की कसर जरूर रह जाएगी।

पारस. : वह क्या ?

हरिहर. : यही कि शादी हो जाने के बाद सरला अपने मुँह से किसी बड़े बुजुर्ग या प्रतिष्ठित आदमी के सामने कह दे कि 'यह शादी मेरी प्रसन्नता से हुई है।'

पारस. : हाँ, यह बात बहुत जरूरी है मगर मैं इसका भी पूरा-पूरा बंदोबस्त कर चुका हूँ।

हरिहर. : वह क्या ?

पारस. : बाँदी ने इस काम के लिए एक बुड्ढी खन्नास को ठीक कर दिया है। वह सरला को दूसरे के साथ शादी करने पर राजी कर लेगी।

हरिहर. : मगर मुझे विश्वास नहीं होता कि सरला इस बात को मंजूर कर लेगी या किसी के कहने-सुनने में आ जाएगी। उस रोज खुद तुम्हीं ने सरला से बातें करके देख लिया है।

पारस. : ठीक है, मगर उसके लिए बाँदी की माँ ने जो चालाकी खेली है वह भी साधारण नहीं है।

हरिहर. : सो क्या ?

पारस. : उसने हरनंदन से एक चिट्ठी लिखवा ली है कि 'मुझे सरला के साथ शादी करँना स्वीकार नहीं है। जो नौजवान और कुँवारी लड़की घर से निकलकर कई दिन तक गायब रहे, उसके साथ शादी करना धर्मशास्त्र के विरुद्ध है, इत्यादि।' इसके अतिरिक्त हरनंदन ने उस चिट्ठी में और भी ऐसी कई गंदी बातें लिखी हैं जिन्हें पढ़ते ही सरला आग हो जाएगी और हरनंदन

का मुँह देखना भी पसंद न करेगी।

हरिहर. : अगर हरनंदन ने ऐसा लिख दिया है तो कहना चाहिए कि अब हमारे काम में किसी तरह की अंडस बाकी न रही।

पारस. : ठीक है, मगर दो बातें बाँदी ने हमारी इच्छा के विरुद्ध की हैं।

हरिहर. : वह क्या?

पारस. : एक तो उसने सरला के गहने मुझसे ले लिए और काम हो जाने पर दस हजार रुपए नकद देने का भी एकरारनामा लिखा लिया है।

हरिहर. : खैर इसके लिए कोई चिंता की बात नहीं है, जब इतनी दौलत मिलेगी तो दस हजार रुपया कोई बड़ी बात नहीं है।

पारस. : यही तो मैंने भी सोचा।

हरिहर. : और दूसरी बात कौन-सी है?

पारस. : दूसरी बात उसने हरनंदन की इच्छानुसार की है, क्योंकि अगर वह उस बात को कबूल न करती तो हरनंदन उसको इच्छानुसार चिट्ठी न लिख देता। इसके अतिरिक्त वह हरनंदन से भी कुछ रुपया ऐंठना चाहती थी। अस्तु, लाचार होकर मुझे वह भी कबूल करना ही पड़ा।

हरिहर. : खैर वह बात क्या है सो तो कहो?

पारस. : हरनंदन ने बाँदी से कहा था कि मैं सरला से शादी न करूँगा, मगर ऐसा जरूर होना चाहिए कि उसकी शादी मेरे दोस्त के साथ हो जिसमें मैं कभी-कभी सरला को देख सकूँ। अगर ऐसा तुम्हारे किए हो सके तो मैं चिट्ठी लिख देने के लिए तैयार हूँ और चिट्ठी के अतिरिक्त काम हो जाने पर बहुत-सा रुपया भी दूँगा। इसी से बाँदी को हरनंदन की बात कबूल करनी पड़ी। बाँदी को क्या उस बुढ़िया खन्नास को रुपए की लालच ने घेर लिया और वह इस बात पर तैयार हो गई कि जिस आदमी के साथ शादी करने के लिए हरनंदन कहेंगे उसी आदमी के साथ शादी करने पर सरला को राजी करूँगी।

हरिहर. : (रंज से कुछ मुँह बनाकर) खैर जो चाहो सो करो मगर मैं तो समझता हूँ कि अगर तुम कुछ और रुपया देने का एकरार बाँदी से करते तो शायद यह पचड़ा ही बीच में न आन पड़ता।

पारस. : नहीं-नहीं, मेरे दोस्त ! यह काम मेरे अख्तियार के बाहर था, रुपए की लालच से नहीं निकल सकता था। मैंने बहुत कुछ बाँदी से कहा और चाहा, मगर उसने कबूल नहीं किया। सबसे भारी जवाब तो उसका यह था कि 'अगर मैं हरनंदन की बात कबूल नहीं करती और उसकी इच्छानुसार काम कर देने की कसम नहीं खाती तो वह सरला के नाम की चिट्ठी कदापि नहीं लिखेगा और जब वह हरनंदन की लिखी हुई चिट्ठी सरला को दिखाई न जाएगी तब तक सरला भी बातों के फेर में न आवेगी और उसका कहना भी वाजिब ही था, इसी से लाचार होकर मुझे भी स्वीकार करना ही पड़ा।

हरिहर. : (लंबी साँस लेकर) खैर किसी तरह तुम्हारा काम हो जाए वही बड़ी बात है। मेरे साथ सरला की शादी हुई तो क्या और न भी हुई तो क्या !

पारस. : (हरिहर का पंजा पकड़कर) नहीं-नहीं, मेरे दोस्त, तुम्हें इस बात से रंज न होना चाहिए, मैं तुम्हारे फायदे का भी बंदोबस्त कर चुका हूँ। सरला के साथ शादी होने पर जो कुछ तुम्हें फायदा होता सो अब भी हुए बिना न रहेगा।

हरिहर. : (कुछ चिढ़कर) सो कैसे हो सकता है ?

पारस. : ऐसे हो सकता है—जिस आदमी के साथ सरला की शादी होगी वह रुपए के बारे में तुम्हारे नाम एक वसीयतनामा लिख देगा।[1]

हरिहर. : यह बात तो ज़रा मुश्किल है। मगर मुझे उन रुपयों की कुछ ऐसी परवाह भी नहीं है। मैं तो इतना ही चाहता हूँ कि किसी तरह तुम्हारा यह काम हो जाए।

पारस. : मुझे विश्वास है कि ऐसा हो जाएगा और अगर न भी हुआ तो मैं इकरार करता हूँ कि मुझे जो कुछ मिलेगा उसमें आधा तुम्हारा होगा।

हरिहर. : (कुछ खुश होकर) खैर जो होगा देखा जाएगा। अब यह बताओ कि बुढ़िया यहाँ कब आवेगी और सरला के पास कब जाएगी ?

---

1. यह बात पारसनाथ ने अपनी तरफ से झूठ कही।

पारस. : वह आती ही होगी ।

ये बातें हो ही रही थीं कि बाहर से किसी ने दर्वाजा खटखटाया । मामूली परिचय देने के बाद दर्वाजा खोला गया तो हरनंदन के एक दोस्त के साथ सुलतानी दर्वाजे के अंदर पैर रखती हुई दिखाई पड़ी ।

यह सुलतानी वही औरत है जिसे हम बाँदी के मकान में दिखला आए हैं और लिख आए हैं कि इसने हाल ही में बाँदी के यहाँ नौकरी की है । बाँदी की तरफ से इसी ने सरला को समझाने का ठीका लिया है और यही इस काम का बीड़ा उठाकर लाई है कि सरला को दूसरे के साथ शादी करने पर राजी कर लूँगी । जिस समय वह उन लोगों के सामने पहुँची, पारसनाथ बोल उठा, "लीजिए वह आ गई । अब इसे सरला के पास पहुँचाना चाहिए ।"

सरला कहीं दूर न थी, इसी मकान की एक अंधेरी मगर हवादार कोठड़ी में अपनी बदकिस्मती के दिनों को नाजुक उँगलियों के पोरों पर गिनती और बड़ी-बड़ी उम्मीदों को ठंडी साँसों के झोंकों से उड़ाती हुई जमाना बिता रही थी । साधारण परिचय देने और लेने के बाद सुलतानी उस कोठड़ी में पहुँचाई गई जिसमें केवल एक चिराग सरला की अवस्था को दिखलाने के लिए जल रहा था ।

जब से सरला को यह कोठड़ी नसीब हुई तब से आज तक उसने किसी औरत की सूरत नहीं देखी थी । इस समय यकायक सुलतानी पर निगाह पड़ते ही वह चौंकी और ताज्जुब से उसका मुँह देखने लगी । सुलतानी ने सरला के पास पहुँचकर धीरे-से कहा, "मुझे देखकर यह न समझना कि तुम्हारे लिए कोई दुखदाई खबर या सामान अपने साथ लाई हूँ, बल्कि मेरा आना तुम्हें दुख के अथाह समुद्र से निकालने के लिए हुआ है । अपने चित्त को शांत करो और जो कुछ मैं कहती हूँ उसे ध्यान देकर सुनो ।"

पाठक ! इस जगह हम यह न लिखेंगे कि सुलतानी ने सरला से क्या-क्या कहा और सरला ने उसकी चलती-फिरती बातों का क्या और किस तौर पर जवाब दिया अथवा उन दोनों में कितनी देर तक हुज्जत होती रही । हाँ,

इतना जरूर कहेंगे कि सुलतानी के आने का नतीजा इस समय पारसनाथ वगैरह को खुश करने के लिए अच्छा ही हुआ अर्थात घंटे-भर के बाद जब सुलतानी मुस्कराती हुई उस कोठड़ी के बाहर निकली और कोठड़ी का दर्वाजा पुन: बंद कर दिया गया तब उसने (सुलतानी ने) पारसनाथ से कहा, "लीजिए बाबू साहब, मैं आपका काम कर आई। हरनंदन की लिखी हुई चिट्ठी का नतीजा तो अच्छा होना ही था, मगर मेरी अनूठी बातों ने सरला का दिल मोम कर दिया और जब उसने मेरी जुबानी यह सुना, बाप लालसिंह उसी के गम में संन्यासी हो गया तब तो और भी उसका दिल पिघलकर बह गया और जो कुछ मैंने उसे समझाया और कहा उसे उसने खुशी से कबूल कर लिया। उसने इस बात का भी मुझसे वादा किया है कि ब्याह हो जाने पर मैं अपने हाथ अपने बाप को इस मजमून की चिट्ठी लिख दूँगी कि मैंने अपनी खुशी और रजामंदी से शिवनंदन के साथ शादी कर ली। मगर मुझसे उसने इस बात की शर्त करा ली है कि शादी होने के समय मैं उसके साथ रहूँगी।"

सुलतानी की बातें सुनकर ये लोग बहुत प्रसन्न हुए और पारसनाथ ने खुशी के मारे उछलते हुए अपने कलेजे को रोककर सुलतानी से कहा, "क्या हर्ज है अगर एक रोज दो घंटे के लिए तुम और भी तकलीफ करोगी। तुम्हारे रहने से सरला को ढाँढ़स बनी रहेगी और वह अपने कौल से फिरने न पावेगी। तुम यह न समझो मैं तुम्हें यों ही परेशान करना चाहता हूँ, बल्कि विश्वास रखो कि शादी हो जाने पर मैं तुम्हें अच्छी तरह खुश करके विदा करूँगा।"

सुलतानी ने खुश होकर सलाम किया और जिसके साथ आई थी उसी के साथ मकान के बाहर होकर अपने घर का रास्ता लिया।

हमारे पाठक यह जानना चाहते होंगे कि यह शिवनंदन कौन है जिस के साथ शादी करने के लिए सरला तैयार हो गई। इसके जवाब में हम इस समय इतना ही कहना काफी समझते हैं कि बाँदी ने शिवनंदन के बारे में पारसनाथ से इतना ही कहा था कि शिवनंदन एक साधारण और बिना बाप-माँ का गरीब लड़का है। उसकी और हरनंदन की उम्र एक ही है, बातचीत और चाल-ढाल में भी विशेष फर्क नहीं है। हरनंदन और

शिवनंदन एक साथ ही पाठशाला में पढ़ते थे, उसी समय से हरनंदन के दिल में उसका कुछ खयाल है और उसी के साथ सरला की शादी हरनंदन पसंद करता है।

शिवनंदन को पारसनाथ भी बहुत दिनों से जानता था और उसे विश्वास था कि यह बिलकुल साधारण और सीधे मिजाज का लड़का है। सुलतानी को विदा करने के बाद पारसनाथ और हरिहरसिंह शिवनंदन के मकान पर गए और उसकी शादी के बारे में बहुत देर तक चलती-फिरती बातें करते रहे। हरिहरसिंह वहाँ अपनी चालाकी से बाज न आया, शिवनंदन को शादी के बंदोबस्त से खुश देखकर उसने उससे इस बात का इकरार लिखा लिया कि शादी होने के बाद सरला की जो जायदाद उसे मिलेगी उसमें से आधा हरिहरसिंह को वह बिला उज्र दे देगा।

शादी की बातचीत खतम हुई। दिन और समय ठीक हो गया। शादी करानेवाले पंडित जी भी स्थिर कर लिए गए और यह भी तै पा गया कि बिना धूमधाम के मामूली रसम और रिवाज के साथ रात्रि के समय शादी हो जाएगी। इन बातों में शिवनंदन ने अपने खानदान की रसमों में से दो बातों का होना बहुत जरूरी बयान किया और उसकी वे दोनों बातें भी खुशी से मंजूर कर ली गईं। एक तो चेहरे पर रोली का जमाना और दूसरे बादले का बंददार सेहरा बाँधकर घर से बाहर निकलना! साथ ही इसके यह बात भी तै पा गई कि शादी के समय पर केवल एक आदमी को साथ लिए हुए शिवनंदन उस मकान में पहुँचाए जाएँगे जिसमें सरला है अथवा जिसमें शादी का बंदोबस्त होगा।

बातचीत खतम होने पर पारसनाथ और हरिहरसिंह घर चले गए और उसके दो घंटे बाद शिवनंदन ने भी रामसिंह के घर की तरफ प्रस्थान किया।

अब हम सरला और शिवनंदन के शादीवाले दिन का हाल बयान करते हैं। वह दिन पारसनाथ और हरिहरसिंह के लिए बड़ी खुशी का दिन था। हरनंदन की इच्छानुसार बाँदी ने पूरा-पूरा बंदोबस्त कर दिया था और इसी

बीच में हरनंदन और पारसनाथ को कई दफे बाँदी के यहाँ जाना पड़ा और इसका नतीजा जाहिर में दोनों ही के लिए अच्छा निकला। जिस दिन शादी होनेवाली थी उस दिन पारसनाथ ने शादी का कुल सामान उसी मकान में ठीक किया जिसमें सरला कैद थी। आदमियों में से केवल पारसनाथ, हरिहरसिंह, सुलतानी, सरला और शिवनंदन के पुरोहित उस मकान में दिखाई दे रहे थे, इनके अतिरिक्त पारसनाथ का भाई धरणीधर भी इस काम में शरीक था, जो आधी रात के समय शिवनंदन को लाने के लिए उसके मकान पर गया हुआ था।

रात आधी से ज्यादा जा चुकी थी, मकान के अंदर चौक में शादी का सब सामान ठीक हो चुका था, कसर इतनी ही थी कि शिवनंदन आवें और दो-चार रस्में पूरी करके शादी कर दी जाए। थोड़ी ही देर में वह कसर भी जाती रही अर्थात दर्वाजे का कुंडा खटखटाया गया और जब मामूली परिचय लेने के बाद पारसनाथ ने उसे खोला तो शिवनंदनसिंह को साथ लिए हुए धरणीधर ने उस मकान के अंदर पैर रक्खा। इस समय शिवनंदन के साथ केवल एक आदमी था जिसे पारसनाथ वगैरह पहिचानते न थे। शिवनंदन पूरे तौर से दूल्हा बने हुए थे। वह मकान के अंदर जिस समय दाखिल हुए उस समय मौटे और स्याह कपड़ों से अपने तमाम बदन को छिपाए हुए थे पर जिस समय वह स्याह कपड़ा उतारकर उन्होंने दूर रख दिया उस समय लोगों ने देखा कि उनके ठाठ में किसी तरह की कमी नहीं है, अबा-कबा और जामा-जोड़ा से पूरी तरह लैस हैं। सिर पर बहुत बड़ी मंदोल और बादले का बना सेहरा और उसके ऊपर खुशबूदार फूलों के सेहरे ने उनके चेहरे को पूरी तरह से ढक रक्खा था।

खैर शिवनंदनसिंह नाम मात्र के मड़वे में बैठाए गए और पुरोहित जी ने पूजा की कार्रवाई शुरू की। यद्यपि पारसनाथ वगैरह को जल्दी थी और वे चाहते थे कि दो पल ही में शादी हो-हवा के छुट्टी हो जाए, मगर पुरोहित जी को यह बात मूंजर न थी। वे चाहते थे कि पद्धति और विधि में किसी प्रकार की कमी न होने पावे, अस्तु, लाचार होकर पारसनाथ वगैरह को भी उनकी इच्छानुसार चलना पड़ा।

पारसनाथ न कन्यादान किया और एक तौर पर यह शादी राजी-खुशी के साथ तै पा गई। इसी समय में पारसनाथ ने कलम-दवात और कागज सरला के सामने रख दिया और कहा, "अब वादे के मुताबिक तू लिख दे कि मैंने अपनी प्रसन्नता से शिवनंदन के साथ अपना विवाह कर लिया, इसमें न तो किसी का दोष है और न किसी ने मुझ पर किसी तरह का दबाव डाला है।"

सरला ने इस बात को मंजूर किया और पुर्जा लिखकर पारसनाथ के हाथ में दे दिया। जब पारसनाथ ने उसे पढ़ा तो उसमें यह लिखा हुआ पाया–

"मुझे अपने पिता की आज्ञानुसार हरनंदनसिंह के अतिरिक्त किसी दूसरे के साथ विवाह करना स्वीकार न था। यद्यपि मेरे भाइयों ने इसके विपरीत काम करने की इच्छा से मुझे कई प्रकार के दुख दिए और बड़े-बड़े खेल खेले, मगर परमात्मा ने मेरी इज्जत बचा ली और अंत में मेरी शादी हरनंदनसिंह ही के साथ हो गई।"

पुर्जा पढ़कर पारसनाथ को ताज्जुब मालूम हुआ और वह क्रोध-भरी आँखों से सरला की तरफ देखने लगा, पर उसी समय यकायक दर्वाजे पर किसी के खटखटाने की आवाज आई। जब धरणीधर ने जाकर पूछा कि 'कौन है ?' तो जवाब में बाहर से किसी ने वही पुराना परिचय अर्थात 'गूलर का फूल' कहा। दर्वाजा खोल दिया गया और धड़धड़ाते हुए कई आदमी मकान के अंदर दाखिल हो गए।

जो लोग इस तरह मकान के अंदर आए वे गिनती में चालीस से कम न होंगे। उनके साथ बहुत-सी मशालें थीं और कई आदमी हाथ में नंगी तलवारें लिए हुए मारने-काटने के लिए भी तैयार दिखाई दे रहे थे। उन लोगों ने आते ही पारसनाथ, धरणीधर और हरिहरसिंह की मुश्कें बाँधी लीं और एक आदमी ने आगे बढ़कर पारसनाथ से कहा, "कहो मेरे चिरंजीव, मिजाज कैसा है! क्या तुम इस समय भी अपने चाचा को संन्यासी के भेष में देख रहे हो!"

मशालों की रोशनी से इस समय दिन के समान उजाला हो रहा था। पारसनाथ ने अपने चाचा लालसिंह को सामने खड़ा देख भय और लज्जा से

मुँह फेर लिया और उसी समय उसकी निगाह शिवनंदन, रामसिंह, सूरजसिंह और कल्याणसिंह पर पड़ी जिन्हें देखते ही तो वह एकदम घबड़ा गया।

अब हम थोड़ी-सी रहस्य की बातों का लिखना उचित समझते हैं। सुलतानी असल में बाँदी की लौंडी न थी। उसे रामसिंह ने बाँदी के यहाँ रहकर भेदों का पता लगाने के लिए मुकर्रर किया था और रामसिंह की इच्छानुसार सुलतानी ने बड़ी खूबी के साथ अपना काम पूरा किया। वह हरनंदन के हाथ की लिखी हुई केवल उसी चिट्ठी को लेकर सरला के पास नहीं गई थी जो बाँदी ने लिखवाई थी बल्कि और भी एक चिट्ठी लालसिंह के हाथ की लेकर गई थी, जिसमें लालसिंह ने सच्चा-सच्चा हाल लिखकर सरला को ढाँढ़स दी थी और यह भी लिखा था कि तुम्हारा बाप वास्तव में संन्यासी नहीं हुआ बल्कि समयानुसार काम करने के लिए छिपा हुआ है, अस्तु, इस समय ज़ो कुछ सुलतानी कहे उसके अनुसार काम करना तुम्हारे लिए अच्छा होगा।

यही सबब था कि सरला ने सुलतानी की बात स्वीकार कर ली और जो कुछ उसने मंत्र पढ़ाया उसी के अनुसार काम किया। शिवनंदनसिंह रामसिंह के आधीन था और जो कुछ उसने किया वह सब रामसिंह की इच्छानुसार था। दूल्हा बनकर दुष्टों के घर जाने के समय शिवनंदन अलग हो गया और दूल्हा का काम हरनंदन ने पूरा किया। सेहरा इत्यादि बँधे रहने के सबब किसी तरह का गुमान न हुआ और तब तक राजा साहब की भी मदद आन पहुँची जिसका बंदोबस्त पहिले ही से सूरजसिंह ने कर रक्खा था। यद्यपि यह सब बातें उपन्यास में गुप्त थीं परंतु ध्यान देकर पढ़नेवालों को ऊपर के बयानों से अवश्य झलक गया होगा, तथापि जिन्होंने न समझा हो उनके लिए संक्षेप में लिख देना हमने उचित जाना।

पारसनाथ, धरणीधर और हरिहरसिंह इत्यादि जेल में पहुँचाए गए और हरनंदनसिंह, सरला तथा अपने मित्रों को लिए लालसिंह अपने घर

पहुँचे। उस समय उनके घर में जिस तरह की खुशी हुई उसका बयान करना व्यर्थ कागज रंगना है, मगर बाजार में हर एक की जुबान से यही निकलता था कि अपनी रंडी बाँदी की बदौलत हरनंदनसिंह ने सरला का पता लगा लिया।

●●●